Grandir
en temps de crise

Avec la collaboration éditoriale d'Anne Lamy

Philippe Jeammet

Grandir en temps de crise

bayard

ISBN 978 2 227 48699 7

18, rue Barbès, 92 128 Montrouge cedex

« Un pessimiste voit la difficulté dans chaque opportunité,
un optimiste voit l'opportunité dans chaque difficulté. »
Alain

« Le pessimisme est d'humeur ;
l'optimisme est de volonté. »
Winston Churchill

Introduction

Tous les parents le savent, la crise que traverse l'adolescent engendre bien des tourments et des doutes. Mais que se passe-t-il lorsque cette transformation physiologique et identitaire se déroule sur fond de crise économique comme c'est le cas aujourd'hui ? Cette question déroute bon nombre de parents ; ils se demandent à quoi ressemblera le monde de demain et craignent que leur enfant peine à trouver sa place dans ce quotidien en mouvement perpétuel.

Lorsque les éditions Bayard m'ont proposé de réfléchir à la juxtaposition de ces deux crises, j'ai vite adhéré au projet. Devant le pessimisme de tant de parents, il m'a semblé en effet nécessaire de répondre à leurs interrogations légitimes et d'analyser les répercussions de cette crise économique sur l'adolescent, dont la confiance en l'avenir, l'élan vital voire le désir de devenir adulte peuvent se trouver impactés. Il n'était bien sûr pas question de culpabiliser les parents en leur reprochant leur excès de pessimisme, mais de leur rappeler qu'une autre focale est possible. Elle va éclairer le quotidien d'un jour nouveau, pas pour nier les difficultés, mais pour les remettre dans une autre perspective.

Mais répondre à de tels questionnements est un exercice complexe, tant la période oblige à avancer sans bien savoir vers quel futur nous allons. Et certains observateurs avisés pourraient faire remarquer que je ne suis un spécialiste ni de la crise ni des évolutions sociétales. Pour que l'éclairage apporté soit pertinent, il fallait donc être au plus près du ressenti des jeunes sur cette époque, les atouts et les risques qu'elle présente. Or, par nature, les adolescents que rencontre un pédopsychiatre traversent des difficultés, temporaires ou non, qui les entravent dans leur développement. Il fallait donc élargir le regard pour sortir du champ de la pathologie. Avec les forums sur l'adolescence qu'organise la fondation Pfizer depuis une dizaine d'années et que je préside actuellement, je me trouve à un poste d'observation idéal pour percevoir les préoccupations des adolescents d'aujourd'hui, mesurer d'une année sur l'autre ce qui les passionne ou les inquiète. Et pour compléter cette vision des adolescents qui arrivent au seuil de l'âge adulte, la journaliste avec laquelle j'ai écrit cet ouvrage a recueilli le témoignage d'une vingtaine d'entre eux, issus d'horizons différents, et a collecté quelques enquêtes et sondages qui viennent étayer ou éclairer mes propos.

De même qu'il n'y a pas de frontière séparant l'adolescence normale et la pathologique, la crise n'est pas seulement du côté de la pathologie. Elle est, comme l'adolescent, aussi du côté de la vie. Dans ce contexte plein d'incertitudes, tout dépendra des rencontres et des échanges qui vont jalonner l'existence de l'adolescent et lui apporter de quoi rebondir, croire en son potentiel ou aller puiser en lui-même des ressources jusque-là ignorées.

Qu'Aïda, Alice, Amira, Anaïs, Bastien, Benjamin, Camille, Esteban, Estelle, Jean-Baptiste, Léna, Louise, Nicolas, Romain, Théo, Thomas, William ainsi que tous les adolescents rencontrés lors des forums sur l'adolescence soient remerciés pour leur participation directe ou indirecte !

Chapitre 1

La crise en soi, la crise autour de soi

La société et l'adolescent subissent tous deux une crise dans laquelle ils sont contraints de rentrer, avec la même inquiétude. Les signes de cette mutation sont partout : alors que depuis des siècles, le monde occidental dominait, ce n'est plus le cas aujourd'hui. Impuissants à maîtriser ce changement qui s'annonce, nous nous agrippons à nos croyances. Mais la crise indique aussi que nous arrivons à un moment où les choses doivent changer. Cela nous effraie car nous voudrions préserver ce qui a été. Or, la vie n'est pas la perpétuation statique d'un état : c'est une transformation permanente, que nous ne pouvons pas refuser. La période actuelle porte donc en elle du positif et du négatif.

LA CRISE, LE TEMPS DU CHANGEMENT

La crise que traverse la société renvoie l'adolescent à son propre vécu : ni la société ni le jeune ne sont libres de décider de rentrer ou non dans cette période agitée. Ils savent qu'ils n'en sortiront ni indemnes ni identiques à ce qu'ils étaient auparavant. Mais ils ignorent encore tout de la transformation qu'ils vont subir. Cet adolescent en crise symbolise bien ce mouvement contraint, contre lequel nous ne pouvons rien. Ceci dit, qu'entend-on au juste par le mot « crise », employé à tort et à travers aujourd'hui ? Étymologiquement, c'est un état critique qui est arrivé à un point où un changement est inévitable. En grec, *krisis* signifie l'émergence de la décision. La crise est donc synonyme de période charnière… Ce n'est pourtant pas le sens que nous lui prêtons. Très rapidement, ce changement qui s'annonce est assimilé à quelque chose de négatif, une destruction, une perte. On le voit bien avec la crise d'adolescence : elle est vécue comme une menace et non comme une mutation. Laquelle, comme tout changement, comporte une part bénéfique et une part de risque, d'imprévisible, puisque, par définition, il n'y a changement que parce que le résultat n'est pas acquis d'avance. Sinon, s'il l'était, nous ne parlerions pas de crise… mais d'étape !

Ainsi, nous ne voyons dans l'adolescence que le potentiel de tracas et de conflictualité qu'elle évoque. Nous avons complètement escamoté sa dimension créatrice. Nous pourrions nous rappeler que l'idéogramme chinois qui signifie « crise » se compose à l'aide de deux autres : l'un signifie « opportunité » et l'autre, « menace ». Assimiler tout changement à la destruction et à l'opposition fait écho à l'inquiétude actuelle ressentie face à la mondialisation et à la perte d'influence de notre langue et de notre pays plus généralement. Cette conjonction de regards, qui ne voient dans le futur que d'inquiétantes perspectives, explique peut-être pourquoi ici, nous parlons plus d'adolescence que partout ailleurs dans le monde. Les publications sur l'adolescence en crise émanent en effet souvent de spécialistes français. Cette tendance typiquement hexagonale à parler de la souffrance à tout bout de champ n'est pas sans effet sur le moral, comme nous le verrons plus loin !

LE CHANGEMENT, D'HIER À AUJOURD'HUI

Autrefois, les désirs de changement étaient canalisés par les rites de passage et le poids de l'héritage (social, familial). La société reproduisait essentiellement à l'identique : les enfants exerçaient souvent le métier de leurs parents et accédaient à un statut social similaire. Aujourd'hui, le monde s'est assoupli et nous n'avons jamais été autant libres dans nos choix personnels. Cette nouvelle liberté a deux conséquences. D'abord, nous avons exagéré les effets de rupture par rapport au passé, au point que nous imaginons que la jeune génération pourrait faire table rase des modèles passés, puisqu'elle en a désormais la possibilité. La crise d'adolescence, par exemple, devrait forcément se conjuguer avec conflictualité, violence verbale et prise de risques. Les parents d'un adolescent qui traverse cette période tranquillement s'en inquièteraient presque, aujourd'hui ! Ils se disent : « Il n'a pas fait sa crise. Est-ce bien normal ? » En réalité, la plus grande libéralité actuelle permet que pour beaucoup de jeunes, l'adolescence se passe plutôt bien. Certes, 10 à 15 % souffrent de troubles psychiatriques et à peu près autant rencontrent des difficultés plus ou moins passagères mais la majorité traverse cette crise sans problème aigu. Ces pourcentages ne sont pas très nouveaux. Ce qui l'est davantage, en revanche, c'est l'attention que nous portons désormais au malheur de chacun ; l'intention est louable mais elle engendre des exigences excessives (nous sommes obligés d'être heureux) et de l'anxiété chez le parent dont l'enfant n'est pas absolument épanoui…

La seconde conséquence de cette liberté nouvelle ? Cette dernière accentue le côté incertain de la crise, rendant l'interrogation « Sur quoi tout cela va-t-il déboucher ? » source d'inquiétude.

UN MONDE EN CRISE, QUI S'AGRIPPE À SES CROYANCES…

Vers quel monde nous dirigeons-nous ? La réponse à cette question est d'autant plus délicate que depuis ces dernières décennies, nous assistons à une accélération des changements. Certains peuvent avoir l'impression que la machine s'emballe car rien du monde que nous connaissons ne paraît stable : la planète se pollue chaque jour davantage, tous les continents sont traversés par des conflits — y compris dans des endroits du globe que nous pensions épargnés par ces événements (*cf.* le 11 septembre 2001). Face à ces changements permanents, les uns se cramponnent à un passé qui devrait ne pas bouger ; les autres l'attaquent frontalement. Aucun modèle économique ne marche très bien… Mais aucun autre ne semble prêt à prendre la relève ! L'Occident s'interroge sur lui-même. Lui qui a dominé le monde pendant des siècles, il voit bien que depuis une vingtaine d'années, ce sont plutôt les pays émergents qui tiennent le haut du pavé et montrent un formidable dynamisme. La France n'échappe pas à cette inquiétude identitaire. Elle se demande ce qu'elle pourrait bien apporter au reste du monde, face au génie chinois, indien ou brésilien. Pétrie de doutes, elle remet également en cause l'ensemble de ses valeurs, notamment le caractère hiérarchique et vertical de leur transmission.

Mais il n'y a pas à être nostalgique du passé. Car la crise est aussi utile. En bousculant les modèles passés, elle a remis en cause la légitimité absolue dont ils jouissaient jusque-là ! Nous avons découvert que les règles, que nous croyions gravées dans le marbre, pouvaient être amendées. Cela n'implique pas que nous n'ayons plus de valeurs. C'est même l'inverse : nous n'avons jamais été autant en quête de valeurs parce qu'elles ne sont plus imposées. Chacun cherche la sienne et se confronte à celles des autres, pour voir ce qu'elles ont de commun et de différent. L'échange est riche mais aussi angoissant car il peut générer un sentiment de chaos et d'impuissance devant la diversité. Face à ces modèles identificatoires tant questionnés, aux incertitudes du monde politico-économique, certains recherchent des certitudes auxquelles se raccrocher... y compris sous des formes excessives ou extrêmes. D'où l'émergence de fondamentalismes et de raidissements, qui sont la traduction de peurs.

Ces phénomènes d'agrippement ne témoignent pas simplement des convictions de chacun. Ils montrent aussi que certains sont convaincus que si l'on touche à ce qu'ils considèrent comme l'essentiel, c'est la catastrophe, l'effondrement. Cette attitude rigide est porteuse d'une destructivité par la violence même de l'attachement de ces individus à leurs croyances et par leur difficulté à concevoir que le monde puisse évoluer. L'adolescent est particulièrement confronté à ce besoin de se raccrocher à quelque chose qui paraît solide. L'ampleur de ses incertitudes le place en situation d'insécurité. Dans ce flottement identitaire qui est le sien, il s'accroche à des conduites, en exagère d'autres, comme le petit enfant s'agrippe à sa mère lorsqu'il a peur. L'adolescent s'agrippe donc, comme la société se radicalise. Chacun adopte des positions tranchées, sources de frottement avec autrui, et pas seulement au niveau religieux ; elles surgissent dès qu'il est question d'école, d'écologie, d'autorité, etc. Comme si dans le flou identitaire et social ambiant, de nouvelles peurs n'en finissaient pas d'apparaître ! Les ennemis sont proches (dans notre assiette, dans l'air que nous respirons, etc.) ou lointains (la Chine, les fondamentalistes religieux), identifiés (les fraudeurs fiscaux) ou indéterminés (le numérique, la violence, la pornographie). Ces nouvelles peurs n'ont aucun point commun entre elles et leur dangerosité n'est pas forcément validée mais elles créent un sentiment diffus de menace. Comment s'étonner alors que le jeune regarde ce monde non comme une source de possibles mais comme une accumulation de dangers ?

DES ÉMOTIONS TROMPEUSES

Mais avant d'analyser comment les peurs entraînent chacun à s'agripper à des croyances qui rassurent, étudions comment fonctionne l'émotion. Toute situation qui plonge dans l'angoisse ou l'insécurité provoque en nous une émotion. Cette colère, cette peur ressentie, nous les considérons comme justes et sincères... puisque nous les éprouvons ! La réalité n'est pas aussi simple ; en fait, nous sommes soumis à cette contrainte émotionnelle. La plupart de nos décisions sont ainsi dictées par les émotions que nous éprouvons, sans que notre raison ait son mot à dire. Nous ne choisissons donc pas de ressentir cette peur ou cette colère ; elles nous dépassent et la situation se fige. Certains rétorqueront que la contrainte émotionnelle a toujours existé ; c'est exact. Mais aujourd'hui, les émotions que nous ressentons sont valorisées. Si pendant des décennies, il était de bon ton de les réprimer, ce n'est plus le cas désormais. Les enfants sont même incités à les exprimer. Mais s'ils ont la possibilité d'en faire état, ils ne savent pas quoi en faire. C'est pour cela qu'il est utile de les aider à comprendre ce qui se passe en eux. Cette explication est d'autant plus précieuse avec un adolescent, dont les mouvements émotionnels sont classiques à son âge. Il a sûrement déjà éprouvé ces expériences d'emportement : lorsqu'il commence à aller mal, l'émotion ressentie le dépasse et quelque chose le pousse à aller jusqu'au bout, quitte à faire des excès ou des drames. Au lieu de subir l'émotion qu'il éprouve en ce moment (la colère, par exemple), il peut avoir envie de « reprendre la main » et de redevenir acteur de sa vie. Alors, pour ne pas avoir à subir un chagrin d'amour qui le rendrait malheureux, il prend les devants et décide de rompre avec sa petite amie. Ou alors, au lieu de subir ces émotions qui l'assaillent, il décide de choisir les sensations qu'il va ressentir : et alors, il s'étourdit dans la boisson ou le haschisch. Cette réaction excessive sera d'autant plus marquée que l'ambiance émotionnelle dans laquelle vit la famille la favorise.

Par exemple, si les parents sont habités par le danger imminent, anxieux face à l'environnement dans lequel grandit l'adolescent, leur angoisse peut suggérer à l'adolescent qu'il sera impossible de faire face aux obstacles qui se présentent. D'où l'intérêt de ne pas dramatiser les difficultés rencontrées et d'être contenant face à l'adolescent dont l'émotion déborde. Ainsi, quand son parent lui interdit de s'abîmer par des comportements excessifs (de repli, de consommation d'alcool ou de haschisch, etc.), ce n'est pas parce que c'est mal mais c'est parce que cela n'est pas juste de s'abîmer pour exister. En cela, l'adolescence est une chance car les émotions occupent une telle place que cette période donne l'occasion aux parents et à leur adolescent de mieux comprendre le fonctionnement des émotions et de s'interroger sur ce que ce dernier pourrait en faire, sans les refuser, mais sans s'y soumettre aveuglément. Car, comme tout ce que nous ressentons intensément, l'émotion éprouvée pourrait être une force… ou une faiblesse, selon ce que nous en faisons. L'émotion sera ainsi une force si l'adolescent la dirige vers autre chose et s'il s'en sert comme énergie pour faire quelque chose de constructif.

EXAGÉRER SES DIFFÉRENCES POUR EXISTER

Ce détour par les émotions permet de mieux comprendre comment nous adoptons parfois des positions tranchées pour apaiser les peurs que nous ressentons. Chacun se trouvant renvoyé à ses croyances, nous assistons presque à une course à celui qui serait le plus convaincu, le plus combattant voire le plus conquérant pour ses idées ! Elle est nette chez les plus fragiles, ceux qui sont le plus en quête d'une confiance en eux-mêmes : ils ont besoin de s'accrocher à des croyances solides pour tenir debout. En soi, cette attente peut être une force ; mais elle peut également être perçue comme une faiblesse, car cela rend vulnérable de dépendre des autres, par les croyances qui nous relient à eux. Dans le fond, beaucoup d'adultes sont globalement d'accord sur les principes qui régissent leur quotidien, mais il faut « dramatiser » les différences pour pouvoir exister. Sinon, si nous reconnaissions que nous pensons tous la même chose, nous aurions peur de nous fondre dans la masse, de nous assimiler ou de nous soumettre à cette pensée commune. Alors, nous forçons le trait de nos positions pour nourrir le débat. Mais ce supplément de conflictualité a un coût : nous en venons à nous disqualifier les uns les autres et à adopter un discours très binaire. D'un côté, il y a les bons ; de l'autre, les mauvais. Le discours nuancé n'existe plus ! Face à l'incertitude ambiante, de microfanatismes se développent, qui permettent de s'arc-bouter sur des positions. Comme si nous devions croire doublement à tout ce à quoi nous croyons pour exister et être entendus ! Mais à force de grossir le trait, nous courons le risque de voir naître de petites communautés. Ce serait en effet tentant de vivre dans un « entre soi » où chacun choisit ceux qui l'entourent et qui portent les mêmes valeurs que lui. Face à ceux qui ne partagent pas les mêmes convictions, il serait possible de se dire : « Laissons-les avancer leurs idées ; on doit pouvoir s'entendre sur des valeurs communes, comme l'ouverture aux autres. » Mais au lieu d'engager l'échange, quelques-uns brandissent leurs valeurs comme un étendard. Ce n'est pas la solution. Si l'agrippement perdure, il enferme et accroît la peur.

FAIRE CONFIANCE, MALGRÉ TOUT

Notre société navigue donc à vue, sans bien savoir où elle veut aller et sans pouvoir se reposer sur les idéologies d'autrefois qui, pour certaines, ont montré leurs limites. Mais cette époque si incertaine offre, dans le même temps, un potentiel de créativité et des perspectives d'ouverture sur le monde que nous n'avons jamais connus : un avenir reste à construire avec des connaissances et des moyens inédits.

Alors, que vaut-il mieux choisir : la croissance ou le repli ? La confiance ou la défiance ? Ce questionnement se décline à tous les niveaux… et très tôt, comme en témoigne Camille, 18 ans, en terminale ES : « Ma meilleure amie veut partir l'an prochain faire une école en Angleterre. Elle lui coûtera 7 000 euros par an pendant trois ans, et il lui faut prévoir en plus de quoi vivre sur place. Ma copine va faire un emprunt de 30 000 euros. J'en ai parlé à mes parents. Ils voient ça comme un investissement. Mais il faut y croire, pour être sûr que ce projet vaut le coup ! » Peut-on avoir confiance en l'avenir, s'interroge donc cette jeune fille ? La réponse est identique à celle que nous ferions à un jeune qui hésite à partir découvrir le monde : « Tu ne sais pas si cela va te plaire ? Mais ce n'est pas en restant ici et en affirmant que tu n'aimes pas trop les voyages, la montagne et/ou la mer que tu le sauras. Pour te faire ton opinion, tu n'as qu'une solution :

avancer, puis ouvrir les yeux. » Comme dans le voyage entrepris par ce jeune, il faut faire confiance, au risque d'être déçu. En avançant, nous trouverons les moyens de répondre aux interrogations qui se posent et pour lesquelles nous n'avons pas encore de réponse. Mais le fait de ne pas avoir de réponse n'empêche pas de se poser des questions ! D'ailleurs, nous trouverons quelques réponses en cours de route. Il faut le reconnaître, la route est parfois inconfortable, angoissante. Elle l'est d'autant plus lorsque nous nous retournons sur nos pas : le chemin parcouru peut donner l'illusion que nous savions où nous allions, autrefois… et que nous ne savons plus aujourd'hui. C'est une manière de réécrire l'histoire, car au jour le jour, nous voyions moins nettement la route à suivre ! En tout cas, certains voudraient marcher, armés de certitudes ; d'autres acceptent d'avancer un peu dans l'inconnu, convaincus qu'il faut se faire confiance. Thomas, 17 ans, en 1ère S, perçoit bien à quel point la perception que nous avons de cette période dépend de notre confiance dans l'avenir : « J'entends plein de gens autour de moi se laisser envahir par cette idée que le monde est menaçant. Parler de la crise en permanence, c'est une attitude comparable à celle de certains face à la violence : bien sûr, elle existe, et on ne peut pas l'ignorer. Mais au quotidien, on ne la voit pas forcément. Mon lycée n'est pas particulièrement huppé mais pourtant, je n'ai jamais été embêté par personne. Donc on n'est peut-être pas obligé de se plomber le moral en imaginant que le monde est foutu, que la crise nous menace tous et que la violence s'infiltre partout. Pour moi, c'est plus une question de pessimisme par rapport à l'avenir. On pourrait aussi se dire : "On va peut-être en baver un peu, mais en mettant le paquet en classe, on s'en sortira et on finira bien par trouver une formation qui nous plaît". »

Voulons-nous participer à la créativité, à la vie ? Ou rester en dehors du mouvement ? Ce monde qui se transforme à un rythme accéléré nous donne le vertige. Il est probable que la création de l'imprimerie a suscité autant de craintes que la révolution du numérique en soulève aujourd'hui. Gagnés par l'inquiétude, certains proposent : « Supprimons tout ce qui pourrait être dangereux. » Mais c'est une proposition sans fin… et ce serait en outre parier sur la destructivité de l'homme, ce qui n'est pas un projet très séduisant ! Quoi qu'on supprime, la vie comporte une part d'aléatoire et d'inconnu qu'on ne peut pas gommer. Les débats autour du principe de précaution en médecine l'illustraient bien ; vivre sans prendre de risques n'a pas de sens. Mieux vaut donc parier que nous serons capables de gérer ce que nous avons fait naître.

DANS TOUTE CRISE, DU POSITIF ET DU NÉGATIF

La période, comme l'adolescent en crise, porte du positif et du négatif en elle. Ce dernier incarne en effet un monde à construire et des valeurs qui ne sont pas identiques aux nôtres mais qui n'en sont pas moins précieuses. Arrêtons-nous un instant sur cette notion essentielle de « valeur ». Je vaux en fonction de ce que je crois de moi, croyance qui dépend de la façon dont je me suis senti regardé par les autres. De par sa capacité réflexive, l'homme ne peut en effet pas se passer d'un miroir qui lui renvoie une image de lui-même. Tout le monde se dit : « Qu'est-ce que je vaux ? Pour qui je compte ? » On ne peut pas se passer de valeur… même pas celui qui déclare ne pas en avoir. Car ne pas avoir de valeur, ce n'est pas neutre. Cette position est même une valeur en soi, la seule qui reste et qui s'est en général construite à la suite de déceptions répétées avec l'entourage. Ainsi, ma valeur peut être mon inventivité, mon attention aux autres, mon énergie…, mais aussi mon pouvoir de destruction, ma capacité à manipuler les autres ou à les inféoder à mes désirs. Le travail auprès des adolescents a largement montré à quel point est toujours présente cette dualité entre créativité et destructivité. Laquelle étant la créativité du pauvre — pas au sens économique du terme, mais au sens de celui qui se sent attaqué, impuissant, sans valeur. Ce dernier a toujours une ressource en lui : la destruction. Car nous, les humains, sommes programmés pour être acteurs de notre vie. Se sentir incapable ou impuissant génère un sentiment de menace, qui se dissipe lorsqu'on redevient acteur de son existence. C'est ainsi que nous maintenons notre équilibre, notre « homéostasie psychique ». Alors, tant pis si c'est pour détruire, mais tout vaut mieux que la passivité.

C'est tout le paradoxe de l'être humain, qui est à la fois régulateur du monde mais aussi dérégulateur ; dans les deux cas, il a le pouvoir de choisir comment il agit. Il peut choisir les valeurs qui le séduisent (l'échange, l'ouverture aux autres, l'interdépendance, etc.) mais aussi la manière dont il va dérégler sa vie. Il peut ne pas manger pour des raisons éthiques, ou manger jusqu'à l'excès.

Identifier ces deux pôles en soi permet de se méfier de sa destructivité et de croire en sa créativité. Tout dépend dans quel état d'esprit émotionnel nous comptons agir. Cette question est cruciale car aujourd'hui, plus rien ne s'impose verticalement, parce que « c'est dans l'ordre de choses » ou « parce qu'on a toujours fait comme ça ». Pendant des années, tout était prévu, immuable. C'était sécurisant : comme tout était écrit, il suffisait de suivre le mouvement ! Le passé ne nous dicte plus la feuille de route. Chacun est libre de choisir ses liens aux autres, ses valeurs et le sens qu'il donne à sa vie. La vie ne peut se faire que dans une cocréation à tous les niveaux ; à ce titre, les choses n'existent pas par elles-mêmes mais en partie par ce que nous en ferons. D'où l'importance de la rencontre car c'est dans l'échange que nous nous construisons ; ce qui se vérifie partout... même sur un plan physiologique, au niveau cellulaire !

LA VIE, JAMAIS STATIQUE

Pour porter enfin un autre regard sur la crise, il faut accepter de remettre en cause l'idée communément admise que notre génération a atteint le « bon » niveau et qu'il faudrait que cela se perpétue, qu'on ne touche surtout à rien, comme si tout ce qui poussait au changement était dérangeant. Ce désir de *statu quo* est contre le principe même de la vie, qui est une cocréation permanente et passe par des échanges et des interférences constantes avec l'environnement. La vie, ce n'est pas la perpétuation statique d'un état ! D'ailleurs, tout système clos sur lui finit par se dégrader. Le changement est donc inhérent à la vie : les choses ne sont pas, elles se font en permanence à partir d'un matériau qui se transforme.

Il ne s'agit donc pas de chercher à maintenir une position statique ni de déterminer ce qui est bon/mauvais dans le monde d'aujourd'hui mais de s'inscrire dans une perspective dynamique, pour se demander : Quel monde voudrions-nous obtenir ? Comment nous donner les moyens d'y arriver ? Ce serait quoi, une vie réussie pour l'homme ? Que peut-on espérer de mieux pour l'être humain ? Ce fil rouge se décline à n'importe quel niveau de notre vie. Devant son adolescent, par exemple, au lieu de dire : « Tu n'es pas assez travailleur » et de se voir répondre : « Tu ne me fais jamais confiance », nous pourrions nous demander : « Tu me trouves trop intrusif, je te trouve trop dilettante. Maintenant, comment pourrions-nous trouver des moyens de vivre ensemble sans nous agresser l'un l'autre ? » Rester sur des positions statiques où l'un est toujours trop comme ci, l'autre trop comme ça revient à s'enfermer dans un schéma binaire. D'un côté, il y aurait une situation idéale. De l'autre, quelqu'un (son adolescent récalcitrant, la mondialisation menaçante, un patron démotivant) qui nous mènerait la vie dure. Il serait plus utile de s'inspirer de l'attitude du navigateur : il s'est fixé un but et poursuit sa route en s'adaptant aux contraintes. Le vent forcit ? Il réduit la voilure. Le vent tombe ? Il patiente en attendant le retour d'un alizé. Il n'est pas en train de se dire : « Si j'avais choisi une route plus au sud, ce serait mieux ; si mon bateau était plus puissant, là, je serais heureux. » Cette attitude ne garantit pas que tout se règlera comme par magie, mais nous sortirons au moins de la position frontale, dans laquelle l'un triomphe et l'autre capitule.

Chapitre 2

Le pessimisme et ses effets

Les parents craignent que leurs enfants soient malmenés par ce monde qui change. Leur défiance a un effet délétère sur les adolescents, qui ont besoin de croire en l'avenir pour avoir envie de grandir. Cette trop grande porosité des parents aux angoisses des jeunes ne facilite pas la vie de ces derniers ! Pour lutter contre le pessimisme ambiant, ils risquent d'adopter des comportements excessifs, contraires à leur intérêt. Il convient donc de ne pas nous laisser gagner par la peur et de comprendre le rôle des émotions, qui donnent une coloration différente à un même événement, selon que nous sommes inquiets ou confiants.

LE MORAL DANS LES CHAUSSETTES

Dans une enquête sur les Européens et la sortie de crise (Ipsos/CGI pour Publicis, avril 2013), les Français se révèlent, comme les autres Européens, inquiets pour le futur. Pour 60 % des Européens, la crise a aggravé (40 % « un peu » et 20 % « beaucoup ») les difficultés qu'ils connaissaient jusque-là. Elle a touché en priorité les plus fragiles, notamment en Italie et en Espagne ; les Anglais et les Allemands ont été moins durement atteints. Les Français se trouvent dans une position intermédiaire : ils sont moins impactés que leurs voisins d'Espagne ou d'Italie, mais ils s'en sortent moins bien que les Allemands ou les Anglais. Si une majorité d'entre eux considère que la crise a aggravé les difficultés qu'ils rencontraient, seuls 12 % (contre 28 % pour l'ensemble) des Français déclarent qu'eux-mêmes ou un membre de leur foyer se sont retrouvés au chômage suite à un licenciement économique lié à la crise actuelle. Sur cet indicateur, ils sont donc les moins touchés parmi les six pays sondés, ce qui ne les empêche pas de craindre fortement le chômage.

Par ailleurs, les perspectives de reprise semblent toujours lointaines. Pour trois Européens sur quatre, la crise va s'aggraver dans l'année en cours. Les Français, champions du pessimisme, en sont massivement persuadés, à 88 %. Ce sentiment de perte de contrôle sur leur vie nourrit une peur du déclassement. 51 % des Européens pensent que leurs enfants vivront moins bien qu'eux. Ils sont même 72 % à le penser en France ! Quant à leur avenir personnel, les Français se rangent du côté de la minorité européenne (39 %) qui le considère bouché. Plus d'un Français sur deux partage cette impression. Enfin, une majorité d'Européens ne croit pas à un effet salutaire de la crise : 66 % pensent que leur pays en sortira affaibli… Un sentiment partagé par près de trois Français sur quatre.

POURQUOI TANT DE MOROSITÉ ?

Il y a une nette disproportion entre nos résultats économiques (certes moyens) et la conclusion que nous en tirons, sur le déclin qui serait inévitable et la catastrophe, bientôt à nos portes. L'enquête menée en 2011 par la fondation pour l'innovation politique (Fondapol) auprès de 30 000 jeunes de 16 à 29 ans dans vingt-cinq pays montre que la morosité gagne du terrain même chez les jeunes. Dans quatre de ces pays, les nouvelles générations expriment un point de vue en retrait, parfois dominé par la crainte : la mondialisation est plutôt une menace pour la moitié ou presque de la jeunesse turque, marocaine, grecque et française. Et à la question « L'avenir de votre pays est-il prometteur ? », les jeunes Français sont les plus pessimistes d'Europe, à égalité avec… les jeunes Grecs (17 %).

Or, nos performances sont certes médiocres, mais pas dans des proportions beaucoup plus inquiétantes qu'ailleurs ! La croissance de notre PIB est nulle ? Mais celle de l'Allemagne n'est pas en grande forme non plus, rappelle *Alternatives économiques* (juillet/août 2013) : elle est de 0,7 % et plafonne à 0,3 % au Royaume-Uni. De même, le chômage dépasse les 10 % en France, mais il n'atteint quand même pas la moyenne européenne (11,4 %).

Compte tenu de son niveau de richesse et de développement, la France se distingue depuis des années par un faible niveau de bien-être ressenti, un relatif manque de confiance dans les autres domaines et une appréhension pour l'avenir. Une morosité liée au déclin relatif de l'Hexagone sur le plan géopolitique ? À un système scolaire qui met la pression et ne construit pas une estime de soi bien solide ? À notre culture qui attend trop de l'Etat et qui est de fait toujours déçue de ce qu'elle reçoit ? Pour Olivier Galland, directeur de recherche au CNRS et spécialiste de la jeunesse, ce moral en berne notamment chez les jeunes est sans doute également lié à la structure du marché de l'emploi qui concentre les emplois précaires sur la jeunesse. Cette morosité s'explique en outre par une profonde crise de confiance dans les institutions et les élites. Dans l'enquête citée plus haut, à la question « Avez-vous confiance dans le Parlement et le gouvernement ? », les jeunes Français se classent avant-derniers, juste avant le Mexique (17 %) !

UN PESSIMISME QUI VIENT DE LOIN...

Quelle que soit la cause — assurément multiple —, cette tendance au pessimisme ne date pas d'hier. Notre société est traversée depuis la fin de la dernière guerre par un mouvement philosophique, culturel et médiatique qui délégitime la place des adultes. Son apparition en Europe occidentale n'est bien sûr pas sans lien avec la catastrophe et la déroute de la raison qu'ont été la Première et surtout la Seconde Guerre mondiale avec la Shoah, ainsi que les deux totalitarismes qui ont marqué le XXe siècle. Comment faire encore confiance à des adultes qui ont rendu ces horreurs possibles ?

Après de tels événements, il était difficile de repartir avec la même foi dans la sagesse des adultes et dans leur capacité de sujets dotés de raison. Comment croire encore aux vertus de l'autorité après l'usage qui venait d'en être fait ? Cette valeur s'en trouva définitivement ébranlée. Quant à la croyance en l'humanité, elle s'est, elle aussi, profondément fissurée et peut expliquer une partie du pessimisme si marqué en France et de l'inquiétude des parents. Ce comportement dépressif n'est pas sans conséquences sur le moral : il risque d'avoir un effet autoréalisateur. Le manque de confiance en soi et de perspectives pour l'avenir n'incite en effet guère les jeunes à se retrousser les manches et à s'engager dans la bataille. Partir battus d'avance ou disqualifiés par d'autres, perçus comme plus dynamiques ou plus inventifs, n'est pas un projet stimulant quand on a 20 ans. Alors que, nous allons le voir, il n'y a pas forcément de quoi être si désespéré.

LE PROGRÈS SOCIAL EN BERNE, VRAIMENT ?

Le progrès social est toujours relatif : tout dépend de quel repère nous partons pour dire s'il y a ou non une avancée ! Il ne faut pas s'étonner que les jeunes ne le perçoivent pas de la même façon que leurs parents : ce qui est acquis depuis la naissance pour les uns a été conquis peu à peu pour les autres. Ce décalage de perception entre les deux générations nourrit le pessimisme des adultes : certains éprouvent de la culpabilité et de l'impuissance devant la crise actuelle. Ils disent à leurs enfants : « On aurait voulu pouvoir prolonger ce qui a été notre ascension pour que vous en profitiez à votre tour. Mais on est en panne… » Les parents gardent comme point de comparaison leur propre parcours, mais c'est un raisonnement biaisé : il y a deux-trois générations, le niveau de vie moyen en France était plutôt rudimentaire. Pour beaucoup, seuls les besoins de base en nourriture ou logement étaient pris en compte. Les plus âgés d'entre nous ont entendu parler de périodes où il fallait se priver (et pas seulement pendant la guerre). La seconde moitié du XXe siècle a connu une progression du niveau de vie considérable en matière de biens de consommation, santé, transports, accès aux loisirs, à la technologie. Mais cette expansion ne peut pas être exponentielle. Le niveau atteint aujourd'hui est tel que le simple fait de le maintenir assure déjà une vie plus que confortable. Il ne viendrait pas à l'idée de la jeune génération de vivre sans voiture, ordinateur, télévision… ou de ne pas changer de cartable, de portable ou de tablette chaque année ! Un tel niveau de vie ne lui semble pas un signe de richesse mais plutôt le niveau de base, l'équivalent de celui que leurs grands-parents ont connu en disposant d'un logement et de nourriture. Ces jeunes ne mesurent pas que vivre avec ce niveau de confort exige un effort financier non négligeable. Dans le même temps, nous réalisons que les ressources naturelles ne coulent pas à flot, que l'énergie augmente chaque année davantage et que nous sommes en train de grignoter nos stocks de matières premières.

La donne mondiale a changé : nous ne sommes plus les seuls à consommer en masse… ni les seuls maîtres à bord. L'arrivée des pays émergents (qui ont d'ailleurs émergé depuis des années !) au tout premier plan économique oblige à une autre répartition des ressources et du travail. Ce partage des richesses va dans le sens d'un idéal d'égalité et de justice que nous défendions ; mais cela nous chagrinerait presque qu'il se réalise trop bien… Nous devons faire avec cette réalité : ces pays (Brésil, Inde, Chine, etc.) n'ont pas besoin de notre charité pour montrer leur dynamisme. Ce bouleversement du monde est aussi un facteur de progrès pour nos jeunes. Ils doivent inventer un système permettant aux pays les plus anciens dans l'évolution de renouveler leur production et de créer de nouvelles richesses puisque ce qui est connu est désormais produit en masse par les pays à faible coût salarial. Les plus grands progrès dans ces pays viendront non pas de notre aide (par l'achat de produits équitables, par exemple) mais bien de leur capacité à produire. Chez nous, c'est notre aptitude à imaginer une production spécifique qui constituera notre richesse. Nous n'avons pas le choix, nous devons nous renouveler pour inventer un nouveau monde. Mais comme toute progression est découverte, nous ne sommes jamais sûrs du résultat à l'avance.

QUAND ON N'AVANCE PAS, RECULE-T-ON POUR AUTANT ?

« Notre niveau de vie baisse », entend-on souvent. En réalité, il ne baisse pas toujours, et surtout pas chez tout le monde. Mais nous trouvons qu'il ne progresse plus et nous en concluons que si nous n'avançons pas, nous reculons. Ce raisonnement donne l'illusion du déclassement. Nous devrions plutôt nous féliciter de pouvoir rester au niveau où nous sommes arrivés ! Nous avons longtemps cru qu'il suffisait d'ouvrir le robinet pour que l'eau (l'énergie, les biens de consommation) coule. Aujourd'hui, nous prenons conscience que ce qui nous est apparu naturel pendant des années est en réalité précieux. Au lieu de verser dans le pessimisme, il faudrait inviter les jeunes à se dire : « De nouveaux modes de création et d'échange vont apparaître. Il faut se remonter les manches et s'y mettre. » Cette mise en perspective permettrait de ne pas se focaliser sur la perte, sur un mode « On a moins qu'avant/D'autres ont plus que nous ». Ici comme ailleurs, il faudrait s'extraire de ce raisonnement binaire qui fait penser la vie en noir et blanc, en on/off, en tout ou rien : avec ce type de pensée, la vie paraît toujours mieux/moins bien… En réalité, ce n'est ni mieux ni moins bien qu'avant ; c'est autrement, tout simplement. Et c'est cette « troisième voie » que les jeunes inventeront.

Pour le moment, les parents sont envahis par le doute. Ils craignent que pour la première fois depuis des années, la loi du progrès générationnel soit remise en cause ; ils redoutent que leurs jeunes soient malmenés professionnellement et peinent à trouver un emploi stable et à le garder. L'adolescent a de quoi être déstabilisé par ce discours parental si angoissé, qui livre un message paradoxal : d'un côté, les parents lui intimeraient presque l'ordre d'être heureux. L'épanouissement de l'enfant est en effet devenu le mètre étalon pour savoir si nous sommes ou non de bons parents. Le jeune doit donc impérativement remplir son contrat et afficher tous les signes extérieurs de bien-être : réussir ses études, être extraverti, combatif, avoir une vie sociale et amoureuse riche, etc. Mais d'un autre côté, les parents s'angoissent à l'idée que la vie future de leur jeune ne sera pas un chemin bordé de roses. Certains semblent même se décharger sur lui de l'élan vital. Ce jeune sert alors de moteur à ses parents, sans lequel ils ont bien du mal à avancer. Il se retrouve donc coincé entre deux messages contradictoires : « Ce qu'on veut, c'est ton bonheur » et « Mon pauvre chéri, ta vie ne va pas être facile ». Comment peut-il intégrer qu'on lui demande de garder à tout prix son appétit de vivre… tout en comprenant très (trop ?) bien qu'il le perde en chemin ? Certains parents, si compréhensifs face aux doutes légitimes de leur jeune, valorisent davantage son mal-être que son énergie !

FUIR LE BONHEUR DE PEUR QU'IL NE SE SAUVE

Cette attitude peut également avoir une fonction de conjuration d'un risque de déception : « Ne nous faisons pas trop d'illusions, ne nous emballons pas : la situation est préoccupante. » Comme chez l'adolescent, la défiance exprimée par les adultes est à la hauteur de leurs attentes. Elle se nourrit de la crainte d'être déçus : s'il n'y avait pas d'attente, il n'y aurait pas de déception. Les parents se projettent dans une anticipation qui leur permet de se protéger des aléas futurs, au premier rang desquels figure le fait que leur jeune n'atteigne pas le bonheur tant espéré.

Mais le bonheur est un état instable, très dépendant des valeurs et de l'histoire de chacun, qui nous traverse par moments mais que nous ne gardons pas une fois pour toutes. Au lieu de parler de bonheur et d'exiger que son adolescent atteigne ce Graal, il serait plus prudent — et plus juste — de dire : « Tout le monde a un potentiel. Chacun doit essayer de le découvrir et le développer. Ce que nous voudrions pour toi, c'est l'épanouissement de tes potentialités grâce aux rencontres que tu feras. »

COMMENT SE PROTÉGER DE CE PESSIMISME ?

Cette perméabilité de ses parents à son mal-être n'est pas une nouvelle rassurante pour l'adolescent, qui aurait au minimum besoin de croire en l'avenir pour avoir envie de grandir. La contradiction est telle entre la morosité des adultes et leur discours axé sur l'obligation de performance que cela peut créer un effet de sidération chez lui. C'est comme s'il se trouvait dans une impasse, sans savoir par où en sortir. Son élan est à zéro, stoppé net. Esteban, 18 ans, en 1re ES, a remarqué ce comportement : « Alexis, un de mes bons copains de classe, perd complètement pied cette année. J'ai l'impression qu'il veut fuir le présent, par rapport à ses parents qui sont très pessimistes sur son avenir. C'est comme s'il ne voulait s'attacher à rien : il arrive en retard en classe, il est sympa avec nous mais reste un peu en retrait, il fait à peine ses devoirs. Il ne s'engage dans rien. Sauf pour boire en soirée ou faire des graffs à la sortie des cours. Et plus ses parents serrent la vis, plus il a besoin de se désengager. »

Pour lutter contre la déprime qui risque de les gagner, les jeunes ont tendance à pousser le curseur vers le haut pour vivre des plaisirs immédiats et des sensations extrêmes, seules capables de faire barrage au pessimisme ambiant. Le *binge drinking* est un résumé de cette tendance à l'excès. Quand ils boivent, ils le font trop/trop vite, en se moquant des conséquences. Ces débordements sont très souvent collectifs. Il faut être à l'unisson des autres, sauver la face, exister non par sa réussite ou ses performances mais par la drôlerie, la prise de risque, l'excès, l'exubérance. Des comportements aux antipodes du retrait et du repli sur soi qui s'observent aussi chez des adolescents (plutôt des garçons), vécus sur un mode tout aussi excessif. Isolés, ces jeunes choisissent de s'enfermer dans leur monde numérique, dans une relation qu'ils pensent maîtriser et qui les grise puisqu'ils peuvent, à tout moment, y mettre fin. Revenons aux adolescents en recherche de sensations fortes. L'aspect excessif voire paroxystique de leur comportement se remarque également dans le vocabulaire employé : ils ne « rigolent » pas, ils sont « morts de rire » ou ils « se tapent un délire » ; quand un dessert leur plaît, ce n'est pas un « délice », mais une « tuerie ». Quand un copain a de l'humour, il n'est pas « drôle », mais « trop drôle ». « Que du bonheur », comme il est dit et répété à longueur d'émission à la télévision ! Même par écrit, les adolescents surchargent émotionnellement leurs messages, à grands rajouts de *smileys*, de points d'exclamation et de sourires en coin. Les plus optimistes d'entre nous pourraient considérer que les jeunes manifestent là un appétit pour la vie — certes de façon un peu bruyante et excessive — plutôt rassurant. Pourquoi faire la fine bouche sur cette explosion de sensations ? Parce que la surcote permanente de sensations questionne sur le sens à lui donner. Le côté forcé, factice de certaines attitudes dissimule mal les doutes des jeunes sur le monde adulte, leur futur, l'avenir de la planète. Comme si l'exagération des sensations servait à contrebalancer la peur du retour du négatif.

ADOLESCENTS ET PARENTS, SOUMIS À LEURS HUMEURS

De l'extérieur, nous ne savons plus ce qui est vrai dans leur attitude : est-ce l'euphorie et l'excès, ou l'inquiétude et les doutes ? Les deux sont probablement présents, comme les deux versants de ce qui constitue le tonus psychique de l'humeur. Laquelle oscille sans cesse, selon nos neuromédiateurs, entre l'excitation et la dépression. Cela explique peut-être pourquoi nous portons tant d'attention aux troubles bipolaires. Ils interpellent beaucoup d'entre nous car ils touchent les oscillations de notre humeur, le verre à moitié plein ou à moitié vide. Ils révèlent une donnée importante de l'anthropologie humaine, qui a été largement mise de côté. Depuis l'Antiquité, les savants décrivent les humeurs et leur rôle sur le psychisme humain. Mais dans le même temps, tout le monde partageait l'idée qu'au-dessus de ce phénomène biologique, un autre phénomène — autrement plus noble — gouvernait l'Homme : la pensée. Aujourd'hui, bien sûr, la capacité réflexive fait l'Homme, mais elle reste profondément dépendante de la coloration positive ou négative que lui donne l'humeur.

C'est en cela que le trouble bipolaire nous intéresse tant par sa valeur exemplaire et caricaturale ; la même personne est traversée par une très grande excitation, suivie d'un abattement complet. Quelles que soient son intelligence ou ses capacités de raisonnement, la voilà effondrée, débordée par les idées noires qui l'assaillent. Quelle est la vérité de cette personne : sa dépression très exagérée ou son euphorie tout aussi excessive ? La bipolarité fait bien sûr effet de loupe, en exagérant les réactions, positives et négatives, de la personne. Mais elle a l'avantage de poser la question des croyances humaines : qu'est-ce qui fait que nous allons croire que tout est formidable ou que tout est épouvantable ?

APAISER LA PEUR EN SOI

Face à la crise que nous traversons, certains parents se dépriment, tandis que d'autres disent que ce n'est ni la première que nous connaissons ni la dernière, et qu'au fond, nous avons peut-être la vie dont rêvaient nos grands-parents : un pays en paix, un haut niveau de protection sociale, une espérance de vie en hausse et un niveau de vie globalement élevé. Le message envoyé par leurs humeurs respectives n'est évidemment pas le même ! Certains adolescents apprennent à se protéger des idées noires de leurs parents, comme l'illustre Bastien, 17 ans, 1re ES : « J'ai arrêté de regarder le journal télévisé avec mes parents ; à chaque mauvaise nouvelle touchant l'économie, la fermeture d'une usine, une crise dans un secteur, ma mère se lamente et me dit : "Tu vois, quand je te dis que c'est important de t'accrocher au lycée et de faire un peu plus que le strict minimum !" Il est pourri, ce discours. Comme si le fait de faire des fiches pour le bac français ou de réviser mes cours d'économie allaient transformer mon avenir. » Comment cette mère pourrait-elle apaiser la peur en elle, dont on voit bien qu'elle n'aide pas son adolescent à se motiver pour un projet futur ? Question complexe, car la confiance ne se décrète pas. Elle se construit peu à peu et dépend de la coloration émotionnelle du moment. Quel que soit l'événement auquel nous ayons à faire face, la force de l'émotion conditionne en partie le sens que nous lui donnons. Par exemple, un parent se voit contraint de changer de travail, ce qui implique un déménagement futur. Si les parents présentent ce déménagement comme une opportunité de vivre autrement, ailleurs, en rappelant où est l'essentiel (les liens qui unissent la famille), ce changement peut être bien supporté. En revanche, si l'événement est vécu comme une catastrophe qui plonge dans le désarroi (« Le quartier sera-t-il sûr ? » « Nos jeunes supporteront-ils de ne plus voir leurs amis ? »), cela change la manière dont la famille se prépare à déménager. Quel que soit l'événement, c'est la force de l'impact émotionnel et la valeur que nous lui accordons qui créent ou non le traumatisme. Un conflit au travail nous opposant à un collègue n'a pas le même impact si l'entourage dit : « Ce que tu as vécu a dû être humiliant » ou « Ne te laisse pas démonter ; tout le monde sait qu'il est impossible de travailler avec ce collègue. » Cette différence de perception créera une confiance suffisante pour éviter d'avoir recours à des moyens (médicaments, repli, agressivité) efficaces pour se protéger mais pathogènes parce qu'ils amoindrissent le potentiel.

DES PROPHÉTIES AUTORÉALISATRICES

Les choses dépendront pour beaucoup de ce que nous en ferons. Si nous nous effondrons parce que le prix de l'essence augmente ou que nos exportations diminuent, les jeunes ne retiendront qu'une chose : une menace plane sur leur avenir. Mais nous avons aussi la liberté de refuser ce pessimisme qui exagère les effets négatifs de la période. Il n'est pas question d'en nier les dangers mais, à force de ne montrer que les risques potentiels (« Tu ne vas pas t'amuser tous les jours »), ces discours moroses agissent comme une prophétie. Et voilà, ce que nous redoutions est en train d'arriver : la France perd sur tous les terrains, le chômage ne baisse pas, déclarent déjà les plus pessimistes. Il ne faut pas s'étonner ensuite que les jeunes prennent le relais : « Nous serons la première génération à vivre moins bien que nos parents », déclare sans ciller Thomas, 17 ans, en 1re S. Doit-on parler de génération sacrifiée ? En tout cas, beaucoup de jeunes le craignent… « C'est comme si nos parents avaient vécu au-dessus de leurs moyens, et qu'ils nous laissaient l'addition à payer aujourd'hui », conclut William, 17 ans, en 1re électrotechnique.

Ce serait oublier qu'il existe aussi des nouvelles qui témoignent d'une forme de résistance au pessimisme. Signe que nous croyons encore (un peu) en l'avenir, nous continuons à faire beaucoup de bébés, spécificité 100 % française ! De plus, les auto-entrepreneurs sont très nombreux, ce qui peut signifier que certains prennent leur destin en main. Et si les Français affichaient une morosité collective, contredite par un relatif bonheur privé ?

Chapitre 3

Devenir adulte

Le passage de l'enfance à l'adolescence est bien identifié, contrairement à l'entrée dans le monde adulte, qui reste très floue ! Autrefois, des étapes marquaient nettement le changement de statut de jeune à adulte. La période actuelle offre plus de souplesse dans la construction de soi ; on n'a pas besoin de fermer la porte à l'enfant qu'on a été pour se sentir adulte. Mais être adulte est une notion difficile à définir, d'autant qu'on assiste à un « enchevêtrement » des statuts du jeune, à la fois dépendant et indépendant. Et que la vie des adultes ne fait pas toujours rêver la jeunesse…

LE PREMIER JOUR DE MA VIE D'ADULTE

L'entrée dans l'adolescence est une histoire d'hormones : le top départ est donné par le corps qui se transforme (pour les filles, autour de l'entrée en 6e ; pour les garçons, environ une année plus tard). Certes, quelques collégiens « trichent » un peu et se sentent préadolescents dès la 6e : porter le même sac à dos que les grands de 3e et un sweatshirt à capuche suffit, à leurs yeux, à les faire rentrer dans cette catégorie… alors même qu'ils n'ont aucun signe physiologique de puberté. Malgré tout, le grand marqueur de cette période reste la physiologie. Devant ce changement subi et ce corps qui lui échappe, l'adolescent se dit : « Je ne suis plus maître de mon corps, je ne contrôle rien des changements qui surviennent. » L'angoisse qu'il ressent face à ce sentiment d'impuissance se fixe sur des parties de son corps qui se transforment ; il déteste alors son front ou son nez, puis se trouve trop grand (ou trop petit), toujours trop ou pas assez. Cette période met à l'épreuve les ressources qu'il a en lui pour apaiser ses inquiétudes. Elles dépendent de la qualité de la relation qui le lie à ses parents et de sa confiance en lui. Ces changements physiologiques vont donc être l'occasion de dresser un « inventaire affectif » entre l'adolescent et ses parents. Cette mise à l'épreuve lui permet en outre de se réapproprier l'héritage non choisi qu'il a reçu de ses parents. La puberté révèle ainsi à l'adolescent ses forces, ses potentiels et lui permet de les tester aussitôt.

Quand l'adolescence se termine-t-elle ? Et rentre-t-on obligatoirement dans l'âge adulte ensuite ? C'est ici que les réponses se compliquent. La fin de l'adolescence, d'abord. Officiellement, elle se termine lorsque le jeune a fini de grandir, autour de 18 ans. Mais culturellement, il n'y a plus de positions aussi tranchées, qui feraient dire : « Celui-ci est encore un adolescent ; celui-là se range désormais du côté des adultes. » Autrefois, on ne s'embarrassait pas de ces nuances : on était soit jeune soit adulte. Aujourd'hui, nous n'avons plus besoin de ranger les individus dans des cases. La dynamique et le mouvement comptent davantage que l'étiquetage : de jeunes adultes peuvent garder des traits ou des attitudes d'enfant (dans l'allure, les goûts, la silhouette) sans que cela dérange grand monde. Le passage de l'adolescence à l'âge adulte reste donc flou et variable : certains deviennent adultes à 18 ans, d'autres à 25 ans, sans que les premiers en tirent une gloire quelconque et sans que les seconds soient gênés de prendre leur temps.

COMMENT NOS PARENTS SONT DEVENUS ADULTES

Il y a quelques décennies, l'entrée dans le monde adulte se faisait plus naturellement. La coupure avec les parents survenait plus nettement, avec souvent un changement de territoire, choisi ou contraint. Des étapes — le service militaire pour les hommes, le premier travail, le mariage, l'arrivée des enfants — marquaient ce passage. Mais n'idéalisons pas la construction identitaire de ces jeunes adultes : ce n'est pas parce qu'ils quittaient le foyer parental qu'ils étaient autonomes psychiquement et devenaient adultes, par un coup de baguette magique. Ils « jouaient » parfois à l'adulte, davantage qu'ils nc l'étaient vraiment. Certes, ce n'était pas neutre de partir de chez soi, d'avoir un travail, de vivre en couple. Cette différenciation un peu forcée présentait en tout cas l'avantage d'obliger le jeune adulte à prendre de la distance. Se comporter comme un adulte à son travail, en couple ou auprès de ses voisins poussait à devenir vraiment adulte. Mais cette obligation de se positionner soudainement comme adulte obligeait à des rigidités de positions et/ou de croyances, pour compenser l'absence de maturité affective. Une raideur qui cachait des fragilités sous-jacentes, comme si le nouvel adulte ne pouvait plus rester connecté avec l'enfant ou l'adolescent qu'il avait été. Le risque ? Cette construction identitaire un peu radicale corsetait le jeune adulte dans des normes sociales. Lesquelles le contenaient, sûrement. Mais l'enfermaient, également… Or, on ne gagne rien à se couper d'une part de soi : ce rideau de fer tiré sur leur vie émotionnelle, les jeunes hommes l'ont bien connu. Sous prétexte qu'ils n'étaient pas des poules mouillées, il n'était pas question qu'ils se laissent aller à montrer leurs émotions ! Ils ravalaient donc leurs peines ou leurs joies et affichaient des positions de principe, qui leur donnaient un modèle mais n'étaient pas sans conséquence sur les relations avec l'entourage. Remis en cause, certains s'en trouvaient profondément ébranlés ; la crise qui s'ensuivait révélait alors la fragilité de l'armure, quand elle ne menait pas tout droit à l'effondrement.

FAIRE DE NOS ÉMOTIONS UNE FORCE

Qu'ils aient pu ou non laisser parler leurs émotions, les parents d'aujourd'hui auraient tout intérêt à apprendre à leur adolescent ce qu'est une émotion, pour que ce dernier en fasse une force. La transmission de parents à enfant, dont on parle beaucoup en termes de compétences ou de culture, passe également par cet apprentissage ; or, il est souvent oublié. Cette génération de parents est pourtant la plus à même de percevoir l'enjeu de cette transmission : contrairement à leurs propres parents, ces adultes n'ont pas été contraints de refouler leurs émotions... En revanche, ils n'ont pas appris à savoir quoi en faire. Ils se retrouvent donc quelquefois démunis face aux émotions qu'éprouve leur enfant ; ils sont ainsi très attentifs à la peur que ce dernier exprime, mais ne savent pas comment l'aider à la surmonter. Si bien que l'enfant reste dominé par son appréhension, qui va conditionner ses choix futurs. Il va dire : « J'ai goûté les épinards à la cantine, je n'aime pas », ce qui sous-entend : « L'affaire est close, je n'aimerai plus jamais les épinards. » Focalisés sur l'émotion éprouvée par l'enfant (et soucieux de respecter ce qu'il ressent), les parents le laissent face à sa peur. C'est ainsi que certains enfants ont peur d'aller à l'école et s'enferment peu à peu dans une phobie scolaire. Les parents tentent alors de trouver une solution en proposant un système d'école à la maison. Ils pourraient aussi rappeler à leur enfant qu'il a en lui les moyens de surmonter ses craintes.

C'est par nos émotions que nous participons au règne du vivant ; les robots, eux, ne seront jamais capables (en tout cas pas pour le moment) de ressentir des émotions ! Mais paradoxalement, lorsque l'émotion devient trop forte, elle nous contraint à retrouver le mode de fonctionnement binaire du robot, en tout ou rien, en on/off. Cette émotion qui déborde enlève tout ce qui fait la richesse de la relation aux autres, la capacité à jouer des nuances de l'émotion et à introduire la force du lien émotionnel. Comme pour tout apprentissage, l'adolescent devra apprendre qu'on ne parvient pas en une fois à trouver le bon dosage entre les émotions qu'on éprouve/ce qu'on est capable d'en faire...

PLUS DE SOUPLESSE POUR MOINS DE CONFLITS

Réjouissons-nous, notre époque offre une plus grande souplesse dans la construction de soi ! Aujourd'hui, il ne viendrait à l'idée de personne de se couper de son ancien « soi » ; il n'y a pas besoin de fermer la porte à celui (petit enfant/adolescent) qu'on a été pour se sentir adulte.

Actuellement, les frontières ne sont plus très nettes entre la préadolescence, l'adolescence et l'arrivée dans l'âge adulte. Mais est-ce si important de différencier chaque étape ? Au fond, nous n'avons jamais tout à fait fini d'évoluer : nous nous transformons au gré des rencontres et des expériences. Si bien qu'il n'y a plus désormais un stéréotype d'adulte que nous devrions tous imiter. Cette liberté permet d'abandonner les positions rigides, en tout ou rien, auxquelles se raccrochaient certains, qui retentissaient sur les enfants et débouchaient quelquefois sur d'inutiles affrontements. Nous avons donc appris à jouer avec l'idée d'être adulte, non pas pour faire « comme si », à l'image de ce que nos propres parents ont peut-être fait, mais pour nous ajuster au plus près à la situation.

Cette plus grande souplesse évite d'instaurer de la conflictualité là où il n'y a pas de raison d'en avoir, en soi et avec les autres. En revanche, elle n'est pas économe en interrogations ! Faute d'un modèle unique, valable pour tout adulte de plus de 18 ans, chacun doit trouver sa voie. Toutes ont des avantages… mais aussi quelques inconvénients. L'élément essentiel qui pourrait guider le jeune adulte serait de se demander : « En fonction de ce que je suis, qu'est-ce que je fais ? Comment je me projette ? Quel adulte aimerais-je être ? »

ADULTE, MAIS PAS VRAIMENT À 100 %

Être adulte est devenu une notion décidément difficile à définir, d'autant qu'on assiste à un « enchevêtrement » des statuts du jeune, à la fois dépendant et indépendant. Il vit avec son amoureuse sous le toit familial ; il a son studio mais dépend financièrement à 100 % de ses parents ; il travaille mais a besoin d'être aidé par sa famille pour joindre les deux bouts ; il part faire ses études loin de sa famille mais est contraint de revenir chez papa/maman au moment de chercher du travail. Ce mélange des statuts n'est facile pour personne. Les parents ne savent plus sur quel pied danser : qu'a-t-on le droit de dire à un jeune qui montre son désir d'autonomie, mais qui ne s'assume pas encore complètement financièrement ? Et si leur jeune, qui ne vivait plus avec eux, retrouve pour un temps le domicile familial, il leur a fallu s'acclimater à son absence… et il faut désormais se réhabituer à une cohabitation, d'autant plus difficile que leur jeune a pris ses marques dans sa nouvelle vie. Pour le jeune, cette situation oblige à des concessions pas toujours agréables. Jean-Baptiste, en 1ère électrotechnique, a bien noté que le retour à la case « parents » n'enchante pas toujours les candidats à la vie d'adulte : « Partir pour revenir chez ses parents ? Oh non, quelle horreur ! Tant qu'à faire, autant attendre un peu et partir pour de bon. Mon cousin a connu cette situation ; il a fait un bac + 2 et a dû retourner vivre chez ses parents le temps de se trouver une année de formation complémentaire. Quand on a goûté au plaisir de vivre seul, de manger ce qu'on veut, de sortir et de rentrer à l'heure qu'on veut, c'est très difficile de se priver de cette liberté, ensuite. » Certains jeunes encaissent mal ce retour obligé, comme l'a noté Léna, en 2nde : « Après son bac, ma grande sœur est partie améliorer son espagnol en Argentine. Elle espérait y voir plus clair sur son orientation, mais quand elle est rentrée, un an plus tard, elle était toujours dans le flou. Elle vient de s'inscrire sans trop d'envie en fac d'économie. Elle n'a pas le moral : elle a l'impression d'avoir régressé, d'être partie trop vite de la maison et d'avoir du mal, maintenant, à supporter qu'on la remette dans la catégorie “enfants”. »

UNE ARRIVÉE PAR ESSENCE DÉLICATE

Cela n'a jamais été très simple de se faire une place dans un monde adulte qui n'accueille pas les petits nouveaux à bras ouverts. La génération du dessus défend en effet sa place et n'a pas très envie d'abandonner ses avantages pour les partager avec les plus jeunes ! Quand nous parlons de nos premiers pas de « grands », méfions-nous de notre tendance à peindre en rose notre entrée dans le monde adulte. Nous avons en effet la fâcheuse manie de réécrire l'histoire pour gommer certains événements et en valoriser d'autres. Nous pouvons ainsi transmettre l'idée que notre génération avait atteint le « bon » niveau et qu'il aurait fallu que les choses se perpétuent. Aïda, 16 ans, en 1ère L, note : « Ma mère m'a raconté que lorsqu'elle était jeune, personne n'avait le bac dans son entourage proche. Et beaucoup ont commencé à travailler tôt ; l'enfance de mes parents me paraît plus libre que la mienne, moins contrainte à réussir, à gagner de l'argent, à éviter les coups durs et à devoir penser à notre retraite alors qu'on a à peine 20 ans. »

L'entrée dans l'âge adulte s'annonce plus abrupte qu'autrefois. Les portes sont moins ouvertes… et les ascenseurs, bloqués au même étage. « L'ascenseur social ne marche plus comme avant. Ma mère a raté deux fois son bac ; aujourd'hui, elle est ingénieur dans l'aéronautique et gère une petite équipe. Partir de rien comme elle l'a fait, cela ne serait plus possible de nos jours ! Même ceux qui ont du cran ne peuvent plus partir à l'aventure comme d'autres l'ont fait il y a des années. Cela me dépite un peu : il faut rentrer dans les cases, avoir le bon diplôme, suivre la bonne voie… », soupire Thomas, 17 ans, en 1re S. Le chemin d'accès est-il plus étroit ? Certes. Mais il est aussi plus ouvert sur le monde, sur des études, des séjours à l'étranger ou des échanges qui n'étaient pas même envisageables il y a encore quelques années.

COMMENT LES ADOLESCENTS VOIENT LES ADULTES…

Qu'évoque l'entrée dans la vie d'adulte ? Qu'est-ce qui peut marquer, pour un jeune, l'entrée dans la vie d'adulte ? Chaque année depuis neuf ans, Ipsos Santé réalise pour la fondation Pfizer une enquête qui confronte les regards des adolescents à ceux des adultes. Ainsi, l'entrée dans la vie d'adulte ne se fait plus, comme c'était souvent le cas autrefois, par des rituels partagés par une génération entière. La majorité n'est plus un marqueur très significatif, comme le note William, 17 ans, en 1re électrotechnique : « Être majeur ou non, ça ne change rien… enfin, sauf pour acheter de l'alcool dans les magasins ! » Pour les adolescents interrogés, la vie d'adulte est synonyme de responsabilités (49 % citent spontanément ce mot, 70 % optent pour ce terme lorsqu'on leur suggère une réponse), d'autonomie (46 % et 42 %) et d'indépendance financière (24 % et 66 %). Une certaine appréhension pointe derrière cette définition ; l'un des lycéens interrogés en parallèle de ce sondage signale : « Quand on grandit, on s'aperçoit qu'on avait beaucoup de chance d'être adolescent. » (Forum académique, Poitiers.) De plus, le sentiment de liberté associé à la vie d'adulte s'explique par l'affranchissement vis-à-vis des parents et par la nouvelle autonomie financière. Mais il est bridé par la notion de responsabilité et de devoir, très présente dans leur esprit : « Quand on est adulte, on a beaucoup plus de droits et de devoirs. On renonce au côté adolescent, on doit assumer ses actes. » (Forum académique, Poitiers.) Le monde adulte qu'ils imaginent n'est pas très réjouissant ! « Être adulte, c'est une vie monotone, sans humour », dit un jeune (lycée Roosevelt, Strasbourg), tandis qu'un autre trouve les adultes « libres, fatigués, inquiets, nerveux, soucieux » (lycée Jules Verne, académie de Versailles) et qu'un dernier assène : « On est plus restreint à l'âge adulte ; on a des responsabilités, plus de choses sur le dos. » Estelle, 17 ans, en bac pro ST2S, s'irrite de voir ces adultes si sombres en ce miroir : « Les adultes sont tout le temps en train de râler : ils paient trop d'impôts, ils sont obligés de travailler jusque tard, ils portent beaucoup de responsabilités sur leurs épaules. Franchement, cela ne me donne pas envie de me dépêcher d'être adulte ! Je veux bien prendre de l'autonomie, avoir une chambre à l'internat pour faire un BTS. Mais devenir adulte ? Je vais attendre encore un peu… » Ce portrait du monde adulte laisse aussi transparaître la fatigue et l'usure qui semblent s'abattre sur lui : « Le travail, les enfants, le mari (ou la femme), le ménage, trop de responsabilités », résume un autre jeune (lycée Amiot d'Inville, Amiens). Enfin, les adolescents expriment également des craintes liées au contexte social et économique actuel ; cela n'étonnera personne que les mots « soucis », « chômage » ou « difficulté à trouver un travail » reviennent dans leur bouche.

Pour plus d'un adolescent sur deux (54 %), devenir adulte est perçu comme un passage obligé ; l'autre moitié des jeunes se partage entre l'attente de ce moment (29 %) et une source d'angoisse (22 %). Les adolescents ayant un score de bien-être inférieur à leurs pairs sont aussi ceux qui redoutent le plus cette étape de leur vie : 42 % jugent angoissante la perspective de devenir adulte (près du double de la moyenne des adolescents).

DONNONS-NOUS ENVIE D'ÊTRE ADULTE ?

L'image et les valeurs que les jeunes associent au statut d'adulte ne dressent pas un portrait très flatteur de la génération du dessus ! Benjamin, 18 ans, en terminale L, confirme : « Au lieu de vendre ce qu'il y a de génial dans leur vie, les adultes ne nous parlent que des côtés pénibles. Je vois pas mal d'entre eux renoncer à la légèreté, l'excentricité, et préférer des discussions formelles, un peu banales. Cela me donne l'impression que plus on devient adulte, moins on devient authentique ! Les adultes pourraient nous dire que si l'on est passionné, si l'on se donne vraiment du mal pour quelque chose qui vaut le coup à nos yeux, on pourrait réussir. Ce discours-là, on ne l'entend pas souvent... Au lieu de nous formater à faire de bonnes études, ils devraient nous donner de l'espoir et nous inciter à avoir confiance en nous. » À quoi rêvent-ils encore, ces adultes ? Mystère. Louise, 17 ans, en 1re S, remarque : « Quantité de copains de mes parents ont une vie un peu “contrainte” ; je n'ai pas l'impression qu'ils s'amusent beaucoup. Et je sens bien que la relation de mes parents s'est dégradée, que leur métier respectif ne les amuse plus beaucoup. Mais voilà, ils sont coincés dans cette vie. Pour beaucoup, LE grand projet de leur vie, ce sera leur maison. Cela ne me fait pas rêver. »

Ces adolescents ont raison, beaucoup d'adultes occultent dans leur discours la part positive de leur existence. Il est normal que les adultes soient plus conscients des risques : ils les ont connus, ils se sont peut-être cassé le nez eux-mêmes, donc ils mettent en garde leurs jeunes. Mais ce message devrait rester une mise en garde, pas un barrage ! Imaginons ce que nous dirions à un jeune qui prépare ses bagages pour un grand voyage : « C'est formidable, tâche de le préparer au mieux, de prendre tout ce dont tu as besoin, pour mener ton projet au bout. » L'accent doit être mis sur l'intérêt principal (le voyage) et non pas sur les risques. Sans quoi nous donnerions l'impression que le voyage, comme la vie, consiste à éviter les risques, les faux pas, les pépins. Or, même en multipliant nos messages de prudence auprès de nos jeunes, nous ne leur éviterons pas une vérité à laquelle nous sommes tous confrontés : vivre, c'est risqué et anxiogène car nous ne maîtrisons pas l'avenir. C'est le propre de la vie et elle en vaut, malgré tout, la peine. En cours de route, il y aura forcément des déceptions, des obstacles ou des accidents de parcours mais nous y survivrons d'autant mieux que nous ne serons pas seuls en chemin.

PRÉPARER SON ENFANT À DEVENIR ADULTE

Comment pourrions-nous préparer nos jeunes à leur future vie d'adulte ? Et d'ailleurs, est-ce possible de s'y préparer vraiment ? Nous avons le sentiment que nos jeunes arrivent bien tendres au seuil de la vie d'adulte. Élevés dans un cocon douillet, ils peuvent donner l'impression qu'ils n'ont pas été soumis à beaucoup d'exigences ni de contraintes et qu'à la première difficulté, ils vont s'envoler. Certains parents préfèrent en effet « lisser » la vie de leur jeune, aplanir au maximum les difficultés, au prétexte que sa vie ne sera pas facile plus tard. Ne les privent-ils pas d'expériences qui pourraient les rendre plus forts ? Ne les maintiennent-ils pas dans un état de dépendance qui peut faire penser aux jeunes que leurs parents ne les croient pas capables de se confronter à la réalité et de tenir le coup ? Devant la nécessité, certains jeunes trouveront naturellement en eux les bons réflexes et une réactivité prometteuse ; d'autres seront plus perdus, sur un mode dépressif ou destructeur. D'autres, enfin, feront preuve d'une débrouillardise qui fait fi de l'autre. Impossible de savoir à l'avance comment un jeune en particulier réagira dans telle ou telle situation… À nous, adultes, de faire un effort de cohérence et d'illustrer, dans notre quotidien, les quelques valeurs que nous croyons essentielles à une vie d'adulte réussie. Une transmission facilitée par rapport aux années passées, maintenant que nous avons fait le ménage dans les valeurs traditionnellement transmises. Nous ne conservons que celles que nous jugeons les plus essentielles et que nous désirons transmettre à nos jeunes… Nous y reviendrons en fin d'ouvrage plus longuement.

Chapitre 4

IMPOSSIBLE SÉPARATION ?

Se séparer de ses parents pour grandir n'est pas simple. Le jeune rêve d'autonomie et d'indépendance, mais les contraintes actuelles l'obligent à rester durablement dépendant des siens. Face à lui, ses parents font preuve d'ambivalence, à la fois désireux qu'il s'épanouisse et envieux de sa vie. Et ils ne sont pas pressés de le voir quitter le nid… et de se retrouver à deux, à un moment charnière de leur vie personnelle et amoureuse. Cette dépendance prolongée pousse parfois le jeune à adopter des comportements contraires à son intérêt : pour avoir l'impression de « garder la main » sur sa vie, il peut se désintéresser de ses études, se réfugier derrière un écran ou dans la fumette. Or, se séparer de ses parents ne revient pas à renoncer à s'imposer des contraintes… mais plutôt à choisir celles qui aident à se construire !

UN CHEMIN VERS L'AUTONOMIE CONTRARIÉ

Chez le jeune, comme chez ses parents, l'autonomie et l'indépendance — parfois même précoces — ne cessent d'être valorisées. Dans le discours, du moins. Car dans les faits, la cohabitation entre les deux générations se prolonge pour une foule de raisons objectives : les études sont longues ; le jeune repasse souvent par la case « parents » à la suite d'une rupture amoureuse, d'un stage à l'étranger qui se termine, d'un premier emploi difficile à décrocher ; les loyers sont hors de prix ; il faut patienter trois ans pour obtenir un CDI ; le salaire d'un débutant est plutôt maigre ; le temps partiel ne permet pas de subvenir à tous ses besoins.

Résultat ? Le désir d'autonomie du jeune adulte se trouve contrarié par ce dur rappel à la réalité, qui résonne parfois avec l'ambivalence des parents, pas toujours impatients de se retrouver l'un face à l'autre… Ces derniers arrivent en effet au mitan de leur vie, avec toutes les angoisses qu'accompagne cette période. Certains parents choisissent ce moment pour quitter leur conjoint et rebâtir une seconde union. D'autres préfèrent maintenir leur couple et se concentrer sur les faits et gestes de l'adolescent pour éviter de s'interroger sur la santé de leur union et leur avenir. Les voilà donc tous trois acceptant, de fait, que la séparation parents/adolescent ne soit que partielle… Une bonne illustration de ce *statu quo* dont personne ne parle mais qui arrange tout le monde ? Le moment où l'adolescent(e) presqu'adulte parle de s'installer avec sa petite copine (son petit copain) sous le toit familial. Qu'à cela ne tienne, disent les parents, ouvrons-lui la porte, la maison est grande !

Ce jeune a du mal à quitter ce qu'il connaît (le sympathique cocon familial), mais en même temps, il a suffisamment évolué pour que sa vie ressemble à celle d'un adulte : il est en stage, il est en couple, il vient d'obtenir un CDD. Pourquoi changer de lieu s'il est confortable ? Dans ce moratoire indéfini, le temps semble s'être arrêté, mis sur « pause » par une main invisible. Ce cadre familier protège mais, en même temps, il n'enthousiasme pas le jeune adulte, auquel il manque pourtant le soupçon d'énergie qui lui permettrait de faire ses valises et s'installer ailleurs. Et c'est ainsi que le jeune couple se forme et vit à deux pas des parents. La cohabitation se passe sans heurts, le plus souvent. Parfois même, les parents du (de la) jeune « adoptent » la petite copine (le petit copain) et choient ce(tte) jeune adulte, avec qui les rapports sont plus harmonieux qu'avec leur propre enfant ! Mais cette situation ne favorise pas les élans amoureux du jeune couple. Pour exister, un couple a besoin d'extrafamilial. Or, là, il se retrouve dans du très familial, voire du trop familier. L'amoureux(se) est peu à peu assimilé(e) à un élément de la fratrie, au point que le désir s'émousse dans le jeune couple. À force, la relation change de nature et glisse vers une forme de fraternité. Si bien que les deux partenaires pourraient un jour prochain se séparer, non parce qu'ils se disputent mais parce qu'ils n'ont plus rien d'un couple amoureux. Qu'en pensent les parents ? Ils ont accepté un temps ce petit couple sous leur toit. C'était bien commode de savoir où dormait leur jeune, qui il fréquentait. Mais aujourd'hui, ils réagissent : leur (grand) enfant doit prendre son envol ! Leur réaction provoque parfois un sursaut chez le jeune. Il peut rompre avec ce(tte) partenaire qui n'en est plus tout à fait un(e). Mais alors, il se retrouve seul, ce qui rend difficile la séparation avec papa/maman, encore une fois reportée *sine die*. Le jeune ne se sent plus capable de poursuivre la relation avec ce(tte) quasi frère ou sœur, mais plus capable non plus de quitter le nid parental. S'ensuit souvent une période de flottement, qui va déboucher sur une nouvelle rencontre… et effacer l'impression d'arrêt sur images que donnait ce premier couple.

UNE RELATION PLEINE D'AMOUR… ET DE RIVALITÉ

La facilité relative avec laquelle le jeune entame sa vie d'adulte, développe diverses facettes de lui-même, multiplie les expériences devrait réjouir les parents. Mais parfois, la réaction parentale est mitigée. Bien sûr, les parents sont ravis de le voir s'épanouir. Mais en même temps, ils se souviennent de leur propre jeunesse : eux, ils ont dû faire face à des réalités plus contraignantes. Ils en ont bavé pour gagner cette autonomie aujourd'hui offerte sur un plateau à leur jeune ! Ce décalage crée quelquefois un sentiment d'incompréhension, voire de jalousie, qui se traduit par un rejet ou une disqualification des choix de leur fils/fille, lesquels pourraient représenter une tentation pour eux. Ils raisonnent comme si son mode de vie disqualifiait forcément le leur. S'ils admettaient l'intérêt des choix du jeune, cela les remettrait peut-être en cause : n'avons-nous pas raté notre vie en nous enfermant dans des principes utilitaristes ? Aurions-nous pu faire d'autres choix ?

De son côté, le jeune est traversé lui aussi par des sentiments contradictoires. Il se sent soutenu par ses parents mais trouve qu'ils lui laissent un monde en sale état ; qu'ils seront bientôt en retraite alors que lui se demande s'il en aura une, que son entrée dans le monde du travail n'est pas facile, face aux quinquagénaires pas décidés à partager le gâteau ; qu'il y a des quartiers entiers où il renonce à habiter, vu le prix des logements et son niveau de salaire. Si le jeune comme les parents admettaient que l'ambivalence est constitutive de l'être humain, ils pourraient relativiser ce ressenti qui les trouble. Ils se sentent en effet un peu honteux d'éprouver ces sentiments de jalousie (les parents) ou de rage (le jeune adulte). En acceptant cette cohabitation de sentiments positifs et négatifs en soi, tout le monde y gagnerait. Les parents, par exemple, pourraient se dire : « C'est vrai, cela me serre le cœur que ce soit toi et pas moi qui partes vivre au Brésil. Mais je me réjouis de ce que tu vas découvrir. » Cela permettrait en outre d'éviter de se braquer face aux choix de son fils/sa fille : « Il/elle a choisi ce master, c'est un choix idiot/Je lui avais bien dit, il/elle aurait dû faire son stage en Angleterre au lieu de rester ici », ce qui revient à dire : « C'est bien/C'est mal. » Si les positions de chacun se crispent et que l'ambiance en famille s'en ressent, les parents et le jeune devraient essayer de retrouver une perspective plus dynamique en convenant : « Nous, nous avons agi comme ci/comme ça. On a fait ce qu'on a pu. Toi, tu fais autrement aujourd'hui. En quoi peux-tu avoir une autre trajectoire que nous sans que cela soit perçu comme une disqualification de nos choix ? » Réfléchir à ce qui sera le plus épanouissant pour chacun permet de sortir d'une confrontation stérile des modèles et d'effacer l'impression que le jeune est en rupture avec ses parents.

FACE À UNE DÉPENDANCE PROLONGÉE

Cette dépendance qui se prolonge pousse parfois le jeune à adopter des comportements contraires à son intérêt pour avoir l'impression de « garder la main » sur sa vie. Ils se caractérisent par une amputation de ses potentialités qui pourraient le nourrir sur les trois plans nécessaires à son développement : le plan physique, celui de ses compétences et celui de sa sociabilité. Sur le plan physique, tout d'abord : il se néglige, il adopte un look dérangeant, il (plus souvent « elle », d'ailleurs) se gave ou se prive de nourriture, se scarifie. Ses compétences, ensuite : il se désintéresse de ses cours, il sèche au prétexte que ses professeurs lui « prennent la tête », il décide d'arrêter ses études. Cet auto-bridage se remarque enfin sur sa sociabilité : il voit moins ses copains, il se réfugie derrière un écran ou dans la fumette, il sort peu de sa chambre.

En s'affirmant ainsi dans l'un de ces trois domaines, il est en train de retrouver une forme de maîtrise sur sa vie en pouvant dire non. Pourquoi pas… À condition de pouvoir dire oui de temps en temps ! Par ailleurs, ce « non » qu'il exprime haut et fort se fait au détriment de ce qui est au fondement de la vie, l'échange constructif et le développement de son potentiel. Mais se séparer de ses parents, cela ne revient pas à adopter systématiquement un comportement qui bride son potentiel ou à renoncer à s'imposer des contraintes… mais plutôt à choisir celles qui aident à se construire ! Ce n'est jamais par plaisir, parce que « c'est mon choix », comme il l'affirme, qu'un jeune se prive de son potentiel, d'autant que rien n'empêche aujourd'hui de développer ses compétences scolaires tout en se passionnant en même temps pour l'électro-pop ou le volley-ball. Ce sacrifice d'une part de soi est plutôt l'expression d'une peur. Au fil du temps, elle finit par prendre de la place car ce n'est pas facile de vivre en évitant de se retrouver face à ce qui nous effraie : « Les cours de maths ? Je sèche, ça ne m'intéresse pas. » En fait, je ne vais pas en maths parce que j'ai peur de rater et de ne rien comprendre. Comme je n'y vais pas, je ne rate pas ; donc j'ai moins peur. Il ne faudrait pas que la peur dicte tous les choix du jeune. Il a le droit de bifurquer vers des choses qui l'attirent davantage, mais décider d'emblée que les maths (un stage au bout du monde/le concours d'entrée réputé difficile pour une école qui le tente), « ce n'est pas pour moi », cela revient à se priver. La peur n'est jamais un choix positif… mais toujours un choix par évitement, que nous rationnalisons habilement. Au cours de ma carrière, j'ai souvent constaté à quel point l'homme est prêt à croire n'importe quoi pour justifier ses choix. Le phobique scolaire affirme qu'il lui est impossible d'aller en classe ; l'adolescente qui se scarifie dit : « C'est plus fort que moi, cela me soulage de me faire mal » ; l'anorexique déclare : « C'est mon choix, j'ai le droit de ne pas manger. » Des années plus tard, la même avoue : « Je ne comprends pas comment on peut être anorexique. Aujourd'hui, je le voudrais, je ne le pourrais pas. » Mais pour l'instant, c'est justement ainsi, par les « coups » qu'il s'inflige, que le jeune se sent exister et maître de sa destinée. Il sait bien que ce n'est pas la solution. Mais plus il se sent mal, plus il s'accroche à ce comportement. Et s'il se sent mieux après s'être couvert les bras de scarifications ou avoir fumé son x-ième pétard de la journée, il pense qu'il n'est pas contraint d'agir ainsi mais qu'il l'a bien décidé. Le soulagement ressenti l'incite à recommencer et recommencer encore. En réalité, il est contraint d'agir ainsi pour se sentir moins mal. C'est le prix à payer pour une façon de s'abîmer qui n'est pas folle (dans le sens « irraisonnée »)... mais pas juste puisqu'elle l'ampute au lieu de le nourrir.

QUAND LES ÉMOTIONS BROUILLENT LES CHOIX DE L'ADOLESCENT

C'est le principe de la lutte contre la peur : ce qui nous soulage nous semble positif et/ou vrai. Bien sûr, nous pourrions trouver d'autres moyens de nous apaiser, notamment auprès d'un partenaire amoureux ou d'amis. Mais le bien-être éprouvé alors peut créer un sentiment de malaise car il risque de se terminer un jour (en cas de rupture amoureuse) et il rend dépendant des autres. D'où la préférence donnée à des conduites autoreproductrices, où l'autre est réduit à un objet de passage ou n'est pas là du tout. Et donc, si nous priver de manger calme notre angoisse, alors la privation de nourriture sera considérée comme LA bonne solution. De même, nous savons qu'une souris ne peut pas nous sauter à la gorge, que la serrure n'a pas besoin d'être vérifiée trois fois de suite pour être fermée correctement. Au fond, nous savons bien que c'est idiot... mais c'est plus fort que nous. La contrainte émotionnelle nous oblige à vérifier, ressasser, éviter les situations jugées menaçantes, adopter des croyances que nous trouverons aberrantes le jour où la peur en nous aura disparu. Il y a des chemins plus créatifs que d'autres pour s'épanouir... D'autres, destructeurs, qui expriment toujours une contrainte. Le plaisir disparaît alors. Ma drogue m'apporte un plaisir infini, explique l'amateur de haschich. Et si ce n'était pas le plaisir qu'il recherchait, mais plutôt l'évitement d'un mal-être ?

Cela n'a pas le même sens d'éviter le négatif que de chercher le positif. De même, c'est une chose de goûter un aliment, c'en est une autre de s'empiffrer. Dans un cas, nous éprouvons du plaisir à déguster ; dans l'autre, il est question du besoin de nous remplir pour combler un état d'insatisfaction. Cet exemple illustre ce que j'appelle l'« homéostasie psychique ». Ma pratique de la psychiatrie m'a en effet convaincu que nous ne sommes pas soumis à un principe de plaisir mais à une contrainte plus triviale : nous cherchons à échapper au mal-être. Dès qu'un état de tension monte en nous et s'installe, nous sommes poussés à agir pour faire diminuer le sentiment de mal-être, cet abaissement ne se traduisant pas nécessairement par une sensation de plaisir. La contrainte à agir vient du malaise, de la menace que nous ressentons ; à un autre niveau, une gêne ressentie physiquement nous contraint à bouger la jambe, à nous gratter. Il nous faut en tout cas trouver un moyen de faire baisser ce malaise par des actes : marcher, allumer la radio, faire un jogging, etc. Parmi les modes d'apaisement possibles, nous choisissons celui qui est le plus facile à mettre en œuvre, selon notre tempérament et notre environnement (ce que nous avons sous la main/ceux que nous fréquentons) : faire un jogging, pourquoi pas ? Ce n'est pas gênant d'en devenir un peu tributaire : sauf à dose excessive, courir ne pose guère de problème. Si ces modes d'apaisement ne suffisent pas pour échapper au mal-être et que les tensions durent, vont apparaître des modes d'apaisement plus problématiques : la boulimie, la restriction alimentaire, le haschisch. Ces pratiques feront peut-être baisser l'état de tension mais elles peuvent être qualifiées de « pathogènes » car elles ne sont pas le fruit d'un choix mais d'une contrainte, et leurs conséquences sont potentiellement destructrices. Ces conduites deviennent pathologiques au moment où leurs effets négatifs augmentent mais où le jeune ne peut plus faire autrement que d'y recourir, parce qu'il est enfermé dans une pratique dont il ne sait plus comment sortir. D'autant que l'addiction désorganise les moyens de retrouver un équilibre psychique en soi. Dans la question : « Jusqu'où vais-je dans ma quête de bien-être, avec le haschisch/l'alcool/le refus de me nourrir ? », il y a la quête d'un seuil, voire l'envie d'aller au-delà, encore plus loin, pour « ne plus faire qu'un »... avec le risque de faire zéro, à la fin. Pourquoi certains n'ont-ils pas envie de recourir à la drogue ou l'alcool pour s'apaiser, alors que d'autres ne résistent pas à la tentation ? Ces derniers ont envie de se différencier, de prendre des risques. Le risque de s'enfermer dans ces pratiques est d'autant plus grand qu'ils éprouvent un sentiment de solitude, un manque de confiance en eux. Ils ne se sentent pas assez capables par ailleurs pour ne pas se laisser tenter par ces consommations. De même qu'on ne choisit pas de répondre à une démangeaison, ils se trouvent contraints d'adopter ces pratiques. Le seul « vrai » choix qui s'offrait à eux, cela aurait été de choisir… de ne pas consommer.

RETOUR DANS LE PASSÉ

Pour comprendre le mécanisme en jeu lorsque le jeune cherche un moyen de redevenir acteur de sa vie, quitte à s'abîmer, appuyons sur la touche « retour en arrière ». Remontons une quinzaine d'années auparavant. L'enfant n'est pas encore un adolescent, mais un tout-petit de 2 ans. Il est devant la porte de la crèche, agrippé à la main de sa mère et bien décidé à ne pas la lâcher. Il n'aime pas plus ou moins sa mère que celui qui pousse la porte, confiant, et qui saute dans les bras de son éducatrice. Simplement, il a peur. Et quand il se cramponne, il n'a plus peur ; s'il pouvait parler, il nous dirait peut-être : « Soyez logique : pourquoi voulez-vous que j'aille m'enfermer toute une journée avec ces crétins de mon âge avec lesquels je peux à peine jouer, m'ennuyer dans ce dortoir sombre à l'heure de la sieste, alors que la plus belle femme du monde se tient là, à mes côtés, et qu'elle se dit que pour une fois que quelqu'un lui manifeste son amour, elle ne va pas le lâcher de sitôt ? Donc je voudrais passer la journée avec ma maman, qui sera sûrement ravie de s'occuper de moi. » Cette position, l'enfant ne l'adopte pas vraiment par plaisir et par choix, mais parce qu'il ne se sent pas capable de faire autrement. D'où les larmes et les hurlements qui vont accompagner la séparation ; ou qui, dans un cadre familial, accompagnent le moment où la mère décide que c'est l'heure d'aller dormir et couche son petit. Le risque, si elle cède au bout de quinze minutes de pleurs et accepte de prendre l'enfant dans son lit ? Ce dernier n'apprend pas qu'il a les moyens de laisser sa mère s'éloigner sans la perdre. En revanche, s'il se sent capable de laisser sa mère prendre de la distance sans trop s'en inquiéter, s'il se sent suffisamment en confiance, il peut la retrouver pour le plaisir et pas parce qu'il en a besoin pour se rassurer. Ce sentiment lui donne une liberté intérieure qui fait qu'ensuite, il peut s'éloigner à son tour sans avoir le sentiment de la perdre. S'il en reste dépendant, au contraire, il vit cette dépendance comme un pouvoir de sa mère sur lui. Et alors, elle n'a pas fini de lui « prendre la tête »... Pour contrebalancer ce pouvoir, l'enfant trouve un compromis : il va mal. En suscitant du souci chez sa mère, il se sent exister et en même temps, comme ce n'est pas pour un plaisir partagé avec elle, il a l'impression de se différencier d'elle. Il deviendra alors difficile de faire plaisir, de se retrouver en lien avec son parent autrement que dans le souci, le conflit, l'inquiétude. L'enfant s'imagine en effet que tout ce qui pourrait faire plaisir (bien se nourrir, bien se porter, être agréable, réussir ses études) témoigne de son allégeance à ses parents... alors que c'est au contraire le meilleur moyen d'acquérir une force qui lui permettrait de s'autonomiser ! De même, s'il était moins dépendant de ses parents, il pourrait leur obéir sans ressentir son attitude comme une humiliation ou une soumission insupportable. Et alors, il se met à s'opposer sur tout. Sauf qu'en agissant ainsi, il renforce sa dépendance. Faute d'avoir trouvé des moyens d'augmenter ses compétences, il n'a pas su créer en lui un espace de confiance, un territoire dans lequel il se sente assez sûr pour pouvoir exister indépendamment de ses parents. Cette indépendance, il la trouvera dans l'opposition, le refus, tout en s'accrochant au lien avec ses parents en provoquant leur inquiétude, leur soutien puisqu'il ne va pas bien !

Ce détour par l'enfance permet de montrer comment ces fondamentaux de l'identité se mettent en place ou non et comment ils s'expriment chez le jeune. Ils reposent toujours sur les mêmes bases : la fiabilité de son entourage, qui s'entend à la fois dans le respect de ses besoins primaires (se nourrir, se reposer, s'éduquer, etc.) mais aussi dans la qualité de l'écoute parentale et des réponses apportées. Cette fiabilité des parents va d'abord l'amener à comprendre que la dépendance à l'autre ne représente pas une menace, comme l'injonction à être autonome, serinée en permanence, pourrait le suggérer. Elle va lui apporter, ensuite, une confiance suffisante pour qu'il ait le sentiment d'être créateur de sa vie.

UN CADRE PARENTAL QUI DONNE CONFIANCE

La question de la séparation rendue plus complexe par le contexte actuel pose plus largement celle du cadre éducatif qui facilite, ou non, la séparation entre le jeune et ses parents. Tous les parents se sont demandé un jour comment être suffisamment sécurisants pour que l'adolescent ne choisisse pas le repli sur soi ou l'autoagression devant un obstacle. Il n'est pas toujours aisé d'empêcher le jeune de s'enfermer dans cette pensée, au fond logique : « Je me sens isolé en classe, mes notes sont médiocres, tout cela m'angoisse ; j'allume l'ordinateur et je me branche sur un jeu vidéo. Je me sens mieux ? Donc je pense que j'ai raison de jouer. » Il arrive aussi que le jeune passe par un temps de destructivité, de recherche de maîtrise par la rupture du lien d'échange, avant de trouver un autre mode d'apaisement. Je me souviens d'une jeune fille anorexique dont j'ai suivi le parcours pendant des années. Au cours de son évolution, elle est passée par une tentative de suicide, puis par une anorexie mentale, puis par une boulimie, puis par une prise de haschisch qu'elle a abandonné à la faveur d'une réussite de ses études et de sa relation amoureuse. Elle a trouvé des moyens d'assurer son équilibre, qui ne l'abîmaient pas et n'étaient destructeurs ni pour elle ni pour les autres. Recourir à ces modes d'apaisement n'était pas fou : cette maîtrise qui rassure la soulageait un temps ; mais cela n'était pas juste puisque la jeune femme se trouvait amputée d'une part de ce à quoi elle avait droit pour se développer.

Notre activité réflexive a plusieurs conséquences. D'abord, le fait d'être conscients de ce que nous sommes fait de nous des êtres d'addiction. Nous pouvons avoir beaucoup et nous voudrions avoir toujours plus, d'autant plus que nous allons mourir et tout perdre. La première addiction, c'est la créativité humaine, pour comprendre pourquoi nous sommes là. Il existe une autre potentialité addictive, dans le fait de chercher à avoir toujours plus. C'est pour cela que nous voudrions que le niveau de vie qu'ont connu nos parents croisse toujours sur le même rythme et que cela nous perturbe de constater qu'il n'augmente désormais plus à ce tempo. Comme il n'est plus possible d'avoir plus en quantité, nous allons chercher à avoir plus en qualité, à avoir autrement, mieux que notre voisin par exemple. L'animal, lui, est plus tranquille. Tant qu'il a à manger, il se moque que son voisin ait des noisettes plus belles que les siennes. Et s'il n'a pas assez à manger ? Il va se servir chez les autres ! Nous, nous sommes obsédés par l'idée que l'autre aurait plus et nous, moins. Cette comparaison permanente déséquilibre l'homéostasie psychique : si j'ai moins, je dois m'arranger pour rattraper le retard, sans quoi je vais me sentir mal. Pour ne pas rester dans le malaise, quelque chose nous pousse à trouver des conduites aptes à apaiser notre trouble : les unes passent par des voies nourrissantes (je suis fort en classe/je développe ma créativité, mes potentiels), d'autres plus négatives (le haschisch, l'anorexie). Les jeunes qui recourent au haschich ou qui se privent de nourriture savent bien que le plaisir qu'ils en tirent est de moins en moins fort, que ce n'est pas une solution durable, mais ils s'agrippent d'autant plus à ce qui les empêche de s'effondrer qu'ils se sentent en perdition.

Qu'est-ce qui fait qu'à un moment donné, ils abandonnent ces conduites destructrices ? Il y a une reprise de confiance. Ils sentent que leurs parents ne les laissent pas s'enfermer dans une conduite qui les abîme. Percevoir que malgré tout, les parents continuent à croire en eux peut suffire à créer le rebond et à relancer le désir de grandir.

CHOISIR LE CADRE QUI FAIT GRANDIR

Stricts ou plus souples, les principes éducatifs que nous avons adoptés correspondaient à ce que nous voulions reproduire des schémas de nos propres parents ou, au contraire, à ce dont nous désirions nous éloigner. Ce choix s'est imposé à nous davantage qu'il a été volontaire. Par ailleurs, la neutralité n'existe pas dans le système éducatif : ce que nous décidons influe forcément sur l'enfant… même décréter que l'enfant décide ce qui est bon pour lui ! Pour l'instant, celui-ci est en attente d'un système qui respecte ses besoins de base (dormir, se nourrir, s'ouvrir au monde, etc.) Or, nous, les humains, parvenons remarquablement bien à dérégler nos besoins naturels ! Les nôtres, d'abord : par exemple, nous mangeons sans avoir faim… puis nous nous affamons pour perdre du poids. Nos enfants non plus ne sont pas épargnés par ces dérèglements. En voulant lutter contre les excès de l'éducation normative que nous avons subie, nous avons contribué à un dérèglement problématique qui retentit sur la santé des nos enfants et adolescents, notamment sur les plus réactifs au stress et stimuli venant de l'extérieur. Pourtant, cette fiabilité des parents dont nous parlions plus haut libère l'enfant : il n'y pense plus mais il vit avec de bonnes habitudes. Il se couche quand il a sommeil, range (plus ou moins) sa chambre chaque semaine, prend une douche chaque jour, se nourrit sans excès.

En revanche, demander à un petit s'il veut aller se coucher à 22 heures le met dans une situation de choix impossible (rester avec ses parents qu'il ne veut pas quitter/se séparer d'eux pour répondre à son besoin de repos). D'abord, cela voudrait dire qu'il pourrait ne pas aller se coucher de suite. Or, ce n'est pas un caprice du parent qui fixe l'heure du coucher de son enfant ; c'est que, physiologiquement, l'enfant a besoin d'un certain nombre d'heures par nuit. Ensuite, on ne peut pas attendre de l'enfant qu'il ait spontanément envie d'aller au lit ! Beaucoup d'enfants et d'adolescents manquent chroniquement de sommeil, alors qu'il y aurait tout intérêt à installer un rythme le plus tôt possible. D'abord, intégrer très tôt une routine donnerait à l'enfant ou l'adolescent le sentiment d'être acteur de son organisation. De plus, personne ne se demanderait s'il est raisonnable d'exiger que l'enfant aille au lit. Lequel irait se coucher et verrait la différence entre les nuits où il a son comptant de sommeil et celles où il se lève encore fatigué, se concentre avec peine en classe et s'énerve pour un rien. Or, il est possible de donner un cadre à l'enfant sans rigidité, souplement, sans recourir à la violence…

En refusant de donner tôt à l'enfant une régularité rassurante, les parents ne réalisent pas qu'ils le rendent dépendant des variations avec l'extérieur : comme rien n'est fixé, tout peut bouger en fonction des humeurs et du programme de chacun. Des dérèglements permanents plutôt usants… D'autant que derrière le sommeil, c'est aussi la sécrétion hormonale (par exemple l'hormone de croissance) qui est en jeu, donc la physiologie de l'enfant ou de l'adolescent dans son ensemble. Certains objecteront que l'adolescent a besoin de s'opposer en laissant le désordre envahir sa chambre, en se couchant plus tard. Peut-être. Mais s'il vit ainsi depuis l'enfance, ce n'est pas une différenciation ! S'il n'a jamais été habitué à se plier à quelques règles de vie, il va peiner lorsqu'il devra acquérir les codes « des grands » (se soumettre aux horaires de travail sans sécher la première heure, rechercher du travail avec assiduité, se présenter correctement habillé). Or, il est autrement plus facile de se délivrer de codes un peu contraignants que de s'en créer. Se dire : « Je ne suis pas obligé de mettre une cravate chaque jour pour aller au travail » ou bien « Je peux manger au fast-food de temps en temps car je mange équilibré le plus souvent », cela donne une impression de liberté. En revanche, s'imposer des contraintes peut devenir une vraie souffrance. Un détour par la pathologie et son miroir grossissant aide à le comprendre : c'est plus simple de faire manger une anorexique en la libérant de la contrainte de privation de nourriture que d'empêcher une boulimique de manger.

Vivre avec un certain nombre d'habitudes que nous avons choisies est une force ; elles assurent un équilibre physiologique du corps, qui concerne l'ensemble des régulations — y compris hormonales — de l'organisme. Devenues des automatismes, ces habitudes laissent l'esprit libre pour penser à autre chose et investir notre énergie dans ce qui en vaut la peine. Il serait donc dommage d'en priver l'adolescent : il en aura besoin toute sa vie. La peur de nous montrer coercitifs nous conduit parfois à laisser le choix à l'adolescent. Faute d'avancer avec ces barrières qui guident sa vie sans même qu'il y pense, il dépensera beaucoup d'énergie à se différencier d'une manière qui n'est pas sans risques. Pour prendre le contre-pied de nos convictions ou de nos positions éducatives, il va s'opposer à toutes nos suggestions ou refuser de s'ouvrir aux opportunités qui se présentent. Mais il n'est jamais trop tard pour remettre un peu de cadre dans la vie d'un jeune. Tant qu'il reste dépendant en partie de ses parents, parce qu'il vit sous notre toit ou dépend de notre porte-monnaie, nous avons le droit de donner notre avis sur les orientations qu'il choisit.

Chapitre 5

Des parents en crise

L'autonomisation du jeune se ferait plus simplement si ses parents tenaient solidement sur leurs bases. Mais ils traversent une crise profonde, à la fois parce que le statut des adultes est ébranlé et parce qu'ils ne se sentent plus légitimes. Comme il n'y a plus de méthode éducative valable, héritée des anciens, chaque parent doit trouver la sienne… et n'est jamais sûr de faire bien. Résultat : il attend que son adolescent lui confirme qu'il est un bon parent ! Dans le même temps, le parent est parfois malmené au travail ou dans son couple, et perméable à la souffrance de son jeune. Cette atmosphère donne l'impression que les adultes subissent leur vie et ne s'y amusent guère. Au final, le jeune peut se dire : « À quoi bon me donner du mal, si c'est cette vie — là qui m'attend ? »

UNE LÉGITIMITÉ ENTAMÉE

Depuis que les valeurs verticales ont été remises en cause, les parents n'appliquent plus un modèle hérité des aînés, qui aurait fait ses preuves depuis des décennies. Ils doivent inventer un modèle éducatif sur mesure, taillé à la dimension de leurs enfants. Nous n'avons pas à être nostalgiques de ce qu'a emporté avec lui ce grand ménage des valeurs. À l'époque, les parents jouissaient d'une légitimité absolue, qui a bien fait d'être questionnée ! Reste que beaucoup de parents estiment désormais avoir perdu toute légitimité : plus moyen d'être sûr de dire oui/non au bon moment, puisqu'il n'y a plus de modèle de référence. Certains s'imaginent même qu'ils n'en constituent pas un sérieux ou solide aux yeux de leur progéniture, comme le montre une enquête de la fondation Pfizer de 2012 : les trois quarts des parents interrogés jugent que les adolescents pensent ne pas avoir besoin d'eux. Alors que seulement 15 % des adolescents considèrent effectivement ne pas avoir besoin des adultes… Dans le même temps, le statut de l'adulte a perdu de sa superbe, supplanté par l'adolescent, porteur d'une énergie et d'une inventivité que tout le monde lui envie. Les parents ont donc double raison de faire triste mine !

Ce n'est pas parce qu'il n'existe plus de méthode éducative universelle que nous devrions vaciller sur nos bases, car ce n'est pas l'outil qui compte mais la façon de s'en servir ! Par exemple, nous sommes angoissés par les résultats scolaires de notre enfant. À en croire le discours ambiant, nous pourrions culpabiliser d'être si inquiets. Nous savons bien qu'un parent un peu moins imparfait donnerait une vision plus détendue de l'école. Mais nous pourrions aussi adopter une autre attitude, en disant : « Tu me connais, je suis comme ça. Ce n'est pas parce que je m'inquiète vite que toi, tu dois en faire un drame ! » Un peu de jeu dans la relation ne fait jamais de mal… et nous protège de la course à la perfection qui ne réussit qu'à nous faire déprimer face à ce que nous sommes. En prenant un peu de distance par rapport aux injonctions entendues ici et là, nous transmettons un message plus positif : « On est comme ça, on a essayé de faire au mieux. » Le résultat n'est pas extraordinaire ? Mais au moins, il est sincère !

Enfin, les parents qui se sentent délégitimés devraient se souvenir qu'avoir un adolescent place, par essence, dans une position exposée. Ce jeune a besoin de se nourrir des autres pour exister, mais plus il en a besoin, plus il le ressent comme un pouvoir que les autres exerceraient sur lui. Avoir besoin de ses parents l'installe dans une dépendance qui le rend passif alors qu'il rêve d'être acteur de sa vie. Comment réagir ? Trois possibilités s'offrent à lui. Face à une demande parentale, il peut se résigner : « Je n'ai pas le choix, il faut que je range ma chambre/fasse mes devoirs. » Ou bien s'opposer : « Tu me dis de travailler ? Je m'en moque, je fais l'inverse. » Ou bien encore consentir : « C'est moi qui décide de dire oui. Je vais faire quelque chose de ta demande mais peut-être pas immédiatement. »

CHERCHE RÉASSURANCE DÉSESPÉRÉMENT

Cette légitimité qu'ils peinent à trouver en eux-mêmes, les parents voudraient bien que leur adolescent la leur accorde. Il faudrait presque que leur jeune approuve leurs positions éducatives ! S'il le fait, tant mieux, ne nous en plaignons pas. Mais ce n'est pas nécessaire de lui asséner : « Tu dois reconnaître que j'ai raison de te demander de travailler plus/de parler autrement à ton frère. » Il ne faudrait pas exagérer non plus…

Cette demande d'approbation ne doit pas être comprise comme une pression de l'adulte sur le jeune. Paradoxalement, elle témoigne même de l'inverse : c'est parce que le parent doute, pense qu'il n'est pas important pour son jeune, qu'il a besoin d'entendre ce dernier lui dire : « Mais si, tu es formidable. » Ce comportement parental rajoute de la pression à l'adolescent car il lui donne le sentiment d'avoir un pouvoir exagéré tout en devant faire allégeance. C'est en outre déstabilisant pour un jeune de sentir ainsi l'angoisse de son parent, pas assez sûr de lui pour maintenir ses positions, sans violence, en déclarant simplement : « Voilà ce que j'en pense. » La recherche d'approbation produit donc l'effet inverse de celui désiré par le parent ; elle sous-entend : « Tant que tu n'es pas d'accord ou que tu t'y opposes, c'est comme s'il y avait un conflit et que j'étais dans mon tort. » L'insécurité dans laquelle se trouve l'adulte l'oblige enfin à adopter des positons outrées, dans le raidissement (« Tout est foutu. Dans quel monde vivras-tu demain ? »), le renoncement ou la séduction (« Dis-moi que tu m'aimes/que tu es d'accord avec moi. »).

Les parents voudraient tant que leur jeune confirme qu'ils sont de bons parents qu'ils ne comprennent pas son silence. Ils l'interprètent comme de l'indifférence, voire de la désapprobation. Mais il est ainsi, le jeune : il ne dit rien, il hausse les épaules parce qu'il s'exprime parfois plus par les gestes que par les mots, et parce que ce n'est pas son rôle de valider les positions parentales.

Il a perçu l'attente de ses parents, il a besoin de penser qu'ils sont fiables, donc qu'ils n'ont pas besoin de son assentiment pour se sentir à l'aise dans leur rôle. Un jour, peut-être, il donnera son avis. Pas maintenant !

PERMÉABLES À LA SOUFFRANCE DES JEUNES

Dans le même temps, les adultes manifestent envers le jeune une grande sollicitude. C'est comme s'ils déplaçaient sur lui leur angoisse mais aussi l'attention qu'ils voudraient que les autres leur témoignent, à la hauteur de la brutalité du monde qu'ils ressentent. Ce monde adulte, qui compatit à la souffrance de l'adolescent, s'apitoie donc… sur lui-même !

Cette perméabilité à la souffrance des jeunes comporte deux risques : d'abord, ce n'est pas engageant de se lancer dans le monde tel qu'il est dépeint par les parents. Ensuite, le seul sentiment valorisé semble être la souffrance. Or, ce n'est pas le fait de souffrir qui compte, ce sont les aspirations qui se trouvent entravées par le contexte ; cela n'a pas tout à fait le même sens.

D'ailleurs, quel sens donner à la souffrance du jeune ? Ses manifestations de mal-être expriment des tensions, mais elles constituent au moins une façon de lutter contre la vraie souffrance (le sentiment d'impuissance). Le fait de déborder donne au jeune le sentiment d'être acteur et diminue sa souffrance. Atténuée pour un temps, celle-ci réapparaît quand l'adolescent cherche à aller bien et qu'il se trouve confronté à l'écart entre celui qu'il voudrait être et celui qu'il est. Il doit en effet accepter qu'aller bien, cela ne va pas de soi : il faut pour cela supporter une certaine tolérance à la souffrance et à la frustration. C'est pour cela que valoriser la souffrance de l'adolescent sans comprendre le message qui se cache derrière comporte des risques. D'autant que ce jeune mesure la fiabilité de son parent à sa capacité à lui apprendre à supporter les contrariétés ou la monotonie du quotidien, et à s'accepter tel qu'il est et non tel qu'il se rêve.

DES PARENTS MALMENÉS EN COUPLE

À propos de monotonie, tous les couples ne résistent pas à la trivialité du quotidien avec les enfants, les soucis au travail et le frigo à remplir. La séparation fait de plus en plus partie de nos vies. À l'heure où un couple sur deux ou sur trois divorce, comment parler de la séparation ? Est-ce judicieux de dire : « J'ai raté ma vie de couple » quand c'est presque le fait de la réussir qui devient l'exception ? Le jeune ne tire pas le même enseignement selon la façon dont la séparation de ses parents lui est présentée. Ne plus être condamnés à vivre ensemble jusqu'à ce que mort s'ensuive est en effet une chance… et un risque. Une chance parce que la séparation libère parfois d'une situation d'enfermement dans laquelle le couple se trouvait bloqué : on a pu se tromper sur son conjoint, se rendre compte un jour qu'il n'y a plus de raison de rester ensemble. Mais la séparation représente aussi un risque, car l'événement n'est jamais neutre. Qu'elle soit la seule issue trouvée à une longue période de tensions ou qu'elle arrive comme un coup de tonnerre dans un ciel bleu, l'enfant ou l'adolescent la vit toujours comme un déchirement, malheureux de voir ses parents s'accuser mutuellement et divisé entre qui a tort/qui a raison. Cette rupture le confronte en outre à l'insécurité de la vie, la difficulté de l'attachement, la précarité des sentiments, la solitude. Une séparation a donc toujours un impact sur le jeune, douloureux mais pas forcément négatif : s'il vivait entre deux parents aigris, dans un foyer déserté par la gaieté, il éprouve parfois du soulagement à ce qu'enfin, les choses soient claires. Et maintenant, subsiste-t-il des marques de respect entre les parents ou se dénigrent-ils devant lui ?

Reste la question fondamentale : que pourra-t-il faire de cette séparation ? Il est possible que la rupture réinjecte de l'élan dans sa vie : il constate que son (ses) parent(s) retrouve(nt) de la joie de vivre et il en tire bénéfice pour lui-même. Mais si l'un des parents déprime et répète que c'est la fin du monde, le quotidien n'aura pas la même coloration. Focaliser sur l'échec revient, pour certains, à annuler tout ce qui a été formidable pendant la vie commune. Habitués à raisonner en mode binaire, s'ils n'ont pas réussi, c'est qu'ils ont raté. Donc, cette vie de couple était nulle. Dans cette même logique, l'un tient forcément le rôle du méchant et l'autre, de la victime ! Mais le jeune a besoin d'entendre un discours moins figé. Les parents pourraient ainsi reconnaître : « Nous avons échoué en cours de route. Mais nous avons vécu de belles choses ensemble, et nous pouvons repartir l'un sans l'autre. » Le jeune doit également retenir qu'il n'y a jamais un coupable/une victime dans un couple et qu'on ne divorce pas à la première crise. Cela ne veut pas dire que l'immobilisme soit toujours la solution à recommander. Un couple qui reste ensemble, par fidélité à la parole donnée tout en se faisant la tête, transmet un message (« la vie est une longue souffrance ») peu stimulant pour les enfants… Certes, la famille sauvegarde les apparences, mais à quel prix ? Cette vie sans plaisir provoque parfois de la peur voire de la rage chez les jeunes : ils ne peuvent rien reprocher à leurs parents, mais personne n'a plaisir à vivre ensemble. Or, même si c'est une gageure de vivre ensemble des années, il faudrait qu'un minimum de plaisir persiste pour que l'adolescent perçoive que cela vaut la peine, malgré tout, de vivre en famille. Nous ne pouvons pas nous contenter de vivre simplement parce que nous ne pouvons pas faire autrement. Et laisser la motivation de côté ferait en outre ressortir l'état de mal-être que traverse le couple.

Devant tout événement que nous subissons, il nous faudrait garder en tête le cap que nous avons choisi. Bien sûr, lorsque nous sommes écrasés par la douleur, le chagrin ou la colère, notre vue se brouille et nous le perdons de vue un temps. Mais nous savons qu'il est là, quelque part devant nous : que notre enfant soit suffisamment épanoui et confiant pour vouloir transmettre l'amour de la vie à son tour.

LE MESSAGE DÉLIVRÉ POUR LA FUTURE VIE AMOUREUSE DU JEUNE

Tout ce qui survient dans la vie des parents a une valeur d'exemple dans celle du jeune. La manière dont nous parlons de la vie à deux, dépassons les périodes de crise, remontons la pente après une séparation, est instructive pour lui. Voir ses parents rester debout malgré les épreuves l'aide à croire en l'amour et l'engagement. Notre attitude lui prouve aussi qu'une vie à deux se construit et exige un pas de côté de temps en temps : quels aménagements envisager pour apaiser les tensions ? Que pourrions-nous vivre à deux ou l'un sans l'autre, pour être ensuite mieux ensemble ? Prendre de la distance permet de retrouver un sentiment de liberté et d'être plus au clair sur la nature des liens. Ce que le couple a tendance à perdre de vue en cas de conflit, le conjoint le plus émotif naviguant souvent entre sentiment d'abandon et d'intrusion : « Tu ne me regardes pas. J'ai peur que tu m'abandonnes/Tu me colles trop, j'ai peur que tu m'envahisses. » Un va-et-vient émotionnel bien connu à l'adolescence !

Une vie à deux harmonieuse apprend enfin au jeune à ne pas regarder la dépendance à l'autre comme une menace. Ce ne sera pas le cas s'il voit ses parents se disqualifier. Terrifié de mesurer combien on peut se détester ou se détruire après s'être aimé, il peut fuir toute dépendance à l'autre et être tenté de clamer : « Je préfère rester libre ; je suis très bien tout seul. »

À QUOI BON DEVENIR ADULTE ?

Cette souffrance que les adultes n'osent pas exprimer directement et qu'ils reportent sur l'adolescent risque de créer la confusion dans l'esprit du jeune. Elle sera en plus redoublée si ce dernier ne répond pas à leurs attentes comme ils le souhaiteraient : « Tout ça pour ça, avec le mal qu'on se donne pour l'élever… » Ce serait pourtant aux adultes d'insuffler un peu d'espoir et de montrer que la vie vaut le coup, malgré tout. Sans quoi l'image que le jeune se fait de la vie d'adulte se résume à la souffrance ; il ne se demande pas ce qu'elle recouvre. Il la prend comme telle, comme une conséquence de l'état du monde. Il ne faudra pas s'étonner qu'il devienne adulte à reculons, se demandant à quoi bon faire des efforts pour vivre cette vie-là…

Il n'est pas question de culpabiliser le parent mais plutôt d'identifier ce qui pourrait faire levier pour qu'il passe d'une position d'abattement à une autre, plus positive. Bien sûr, lorsqu'on est un peu déprimé, il est plus facile d'aller mal que d'être positif ; pour aller mal, il n'y a besoin de personne, alors que parier sur le bien-être oblige à dépendre des autres. C'est plus risqué ? Assurément. Mais c'est autrement plus porteur pour l'adolescent. En voyant les parents se questionner pour que le plaisir d'être ensemble reste toujours supérieur aux tracas du quotidien, le jeune constate que les adultes tiennent les rênes du quotidien. Lui qui leur reproche souvent de subir leur existence, il note qu'ils ne se laissent pas guider par les contingences du quotidien, où l'humeur du jour serait dictée par ses mauvaises notes ou un rappel d'impôts à régler. Au contraire, ils gardent un cap — l'épanouissement de chacun — quelle que soit la météo du moment. Car une éclaircie finit toujours par illuminer un ciel sombre. Une leçon qui lui servira longtemps !

Chapitre 6

LE RÔLE DE L'ÉCOLE ET DU SAVOIR

L'école française ne favorise pas l'enthousiasme des jeunes. Élitiste, sélective, elle bride les élèves qui ont peur de mal faire. Aujourd'hui, elle n'est plus perçue comme une chance mais comme une contrainte. Ce constat est nécessaire, mais il ne fait qu'accroître la pression sur les élèves et la démotivation des enseignants. Pour que l'école ne soit plus une obligation mais une chance, il faudrait rappeler son potentiel d'émerveillement ! Ce qui oblige à revisiter des notions comme le goût de l'effort ou la capacité à différer le plaisir, et à fixer un *modus vivendi* avec le jeune, pour inclure sa culture numérique sans la diaboliser mais sans accepter qu'elle envahisse sa vie.

L'ÉCOLE, UNE CONTRAINTE DAVANTAGE QU'UNE LIBERTÉ

À chaque nouveau sondage sur l'école, nous plaignons les professeurs : les élèves n'en finissent pas de dire — avec raison — qu'ils trouvent l'école française trop élitiste, réservée aux plus forts, habituée à distribuer les mauvais points mais avare en compliments. Quel portrait ! Paradoxalement, tout le monde reconnaît que l'école est une valeur centrale de notre société ; mais en la critiquant sans cesse, nous finissons par ébranler l'enthousiasme des enfants/adolescents… qui n'ont pas besoin de cela pour vouloir rester au lit le matin. À force de mettre la focale sur ses défauts, nous perdons de vue que le savoir, c'est une liberté. La connaissance est en effet la plus belle création humaine puisqu'elle donne à chacun la possibilité de progresser et des outils pour comprendre le monde. Qui se souvient encore que l'école constitue une telle conquête ? Plus personne aujourd'hui ne la présente dans ces termes ! Persuadés que tout le monde partage ce même implicite (l'école, c'est la liberté), nous nous contentons de dire à notre enfant : « Aller à l'école ? C'est obligatoire, tu n'as pas le choix. Ce que tu y fais va sélectionner le type de travail que tu feras quand tu seras grand. » Nous pensons que ce qui est implicite pour nous, adultes, l'est aussi pour l'élève. Mais il ne sait rien de tout cela… Le seul discours qu'il entend dès qu'il s'agit d'école, c'est qu'il faut réussir, avoir des bonnes notes, choisir la « bonne » orientation pour faire ensuite la bonne (et de préférence grande) école. Cette course à la compétition, qui s'instaure très tôt dans sa vie, pervertit le sens général donné aux heures que l'enfant passe en classe. Bien sûr, nous souhaitons que la réussite fasse partie de son parcours et nous sommes heureux quand c'est le cas. Mais obtenir de bonnes notes ne doit pas occulter le reste : l'enfant n'est pas là pour collectionner les 18 mais pour s'enrichir. La réussite devrait rester ce qu'elle est, un outil pour construire l'avenir, pas le but ultime.

LA CONCURRENCE DU NUMÉRIQUE

Enfin, notre école bute contre un nouvel « ennemi », le numérique. La voilà face à un concurrent très séduisant ! Étudions les forces en présence. D'un côté, un outil moderne, que les jeunes maîtrisent avec brio et qui ne les impressionne pas. Nous noterons à quel point les jeunes n'ont jamais peur de procéder par essai/erreur devant un écran, alors que nous, adultes, nous braquons dès que nous ne comprenons plus. De l'autre, une école qui ne maintient pas l'envie d'apprendre chez les élèves, car beaucoup savent qu'ils ne feront pas partie de la sélection finale ; qui est restée très académique et livresque ; qui se tient loin de la culture numérique de l'adolescent ; qui ne s'illusionne pas sur son pouvoir d'attraction, comme l'illustrent les propos de cette professeure de français : « Je choisis les livres à faire lire à mes 3e en fonction du nombre de pages. S'ils sont trop gros, les élèves ne les finiront pas ! »

Ce constat, cruel mais assez juste, ne fait que renforcer la disqualification de l'école face au numérique. Répété en boucle, ce discours convainc les élèves les plus mollement motivés qu'ils ont raison d'appréhender cette école, si peu faite pour eux, et que cette culture scolaire ne va pas leur convenir. En opposant l'école et le numérique, nous créons d'ailleurs une opposition stérile. Les deux devraient apprendre à mieux fonctionner ensemble. Sans cela, tous les discours sur l'avenir de notre système scolaire participeront une fois de plus au dénigrement de l'école et à la démotivation générale.

REDONNER AU SAVOIR SES LETTRES DE NOBLESSE

Au fil du temps, le savoir a changé de statut : à l'époque où il était réservé à un petit nombre, c'était un champ dont il fallait s'emparer. Aujourd'hui qu'il est ouvert à tous, il est devenu une obligation. Beaucoup ne voient plus la notion d'émerveillement qui devrait être attachée à l'école : c'est comme si nous acquérions un sixième sens. Nous pourrions regarder l'école comme un moyen inégalé de déchiffrement du monde, qui permet à une génération de recevoir, en quinze ans, un condensé de ce que l'humanité a mis des milliers d'années à conquérir.

C'est ce préliminaire qui manque : il faut retrouver un consensus autour de l'école et un désir porté par les professeurs de partager leur enthousiasme pour la connaissance. En un mot, les professeurs pourraient retrouver un esprit de pionniers : pour tout enfant qui naît, le monde démarre avec lui. Et il redémarre ainsi à chaque génération. Un point de vue que nous avons complètement perdu en route. Nous supposons que notre enfant arrive en classe, nourri par une culture du sens de l'école, qui lui aurait été transmise dans ses gènes… Évidemment, il n'en est rien. Ce préliminaire posé n'empêche pas de réfléchir, ensuite, à la manière d'intégrer le numérique dans l'apprentissage quotidien. Ce serait l'occasion de rappeler que le numérique est une chance et un risque. C'est une chance d'avoir un tel accès au monde. Mais pour savoir faire le tri, hiérarchiser et distinguer l'information pertinente de celle qui l'est moins, l'élève doit savoir lire, penser et avoir quelques références (techniques, de culture générale) qui lui permettent de filtrer/critiquer ce qu'il découvre.

Autre pièce maîtresse pour redonner ses lettres de noblesse au savoir ? Les professeurs. Un sondage Ipsos Santé pour la fondation Pfizer le rappelait en 2012, seulement 30 % des adultes interrogés pensent que les professeurs comptent dans l'entourage des adolescents pour les aider à devenir adultes. Pas étonnant qu'ensuite, les professeurs soient démotivés et aient le sentiment que leur métier sert peu ! Et pourtant, dans ce même sondage, près de trois quarts des adolescents interrogés se déclaraient satisfaits des relations avec leurs professeurs ; 51 % signalaient aussi que les professeurs leur apportaient beaucoup en matière de connaissances. Dans ce contexte de doute, ce discours de pionniers réconforte les enseignants et regonfle leur moral. Ils disent : « Cela me redonne envie de faire des choses ! » Cet état d'esprit ne fera pas tout, mais il constitue une base solide sur laquelle va prospérer la connaissance et un plein d'énergie dont l'enseignant a besoin pour démarrer l'année.

VIVE LES RITUELS !

En évacuant le religieux de nos vies, il y a une ou deux générations, nous avons éliminé le spirituel ou le sacré, des valeurs jugées trop poussiéreuses et rétrogrades pour passer le cap de la modernité. Au passage, nous en avons abandonné une autre, pourtant précieuse : le rituel. Nous l'assimilions à une insupportable contrainte éducative, une entrave à notre liberté. Il devenait urgent de redonner de la spontanéité à nos vies !

Aujourd'hui, nous réalisons que les rituels ne sont pas des passages obligés qui contraignent l'enfant, mais au contraire des repères qui le nourrissent et l'aident à grandir. L'avantage d'instaurer ces rituels à l'école, au lieu de laisser à chaque élève la possibilité de se créer les siens, c'est qu'ils construisent un code collectif, des liens entre les élèves, l'institution et leurs parents (s'ils sont présents). Que pourrions-nous imaginer ? Une journée de rencontre en début d'année scolaire, à laquelle les parents seraient invités. Ou alors un rite qui marque l'entrée dans chaque nouveau cycle : maternelle, primaire, collège et lycée. Cet accueil des familles serait l'occasion d'expliquer le rôle complémentaire des adultes intervenant auprès des enfants (CPE, professeurs, etc.) et de souligner l'importance de ce qui se passe ce jour-là : « Nous sommes heureux et honorés d'accueillir vos enfants et vous, soyez honorés d'être là. Ce qui va se faire, tout au long de l'année, mérite le respect car nous y faisons quelque chose qui ennoblit à la fois l'élève et le professeur. » Il faudrait oser dire des mots comme ceux-là : oui, cela ennoblit de participer à l'une des voies les plus importantes de la transmission du patrimoine humain et ce n'est pas ridicule de le rappeler ! Cette rencontre peut prendre des allures de fête de rentrée scolaire, comme plusieurs écoles le font ici et là. Un nouveau rituel social verrait le jour, auquel seraient associés d'autres personnages publics en lien avec l'école : le maire, un représentant de la police ou de la justice, l'infirmière ou le médecin scolaire. Un tel accueil redonnerait tout son sens à l'école et apaiserait l'appréhension de certains parents, qui viennent en freinant des quatre fers, pour recevoir de mauvaises nouvelles sur la scolarité de leur enfant. Se rencontrer pour le plaisir et non pour se faire sermonner, cela changerait le regard qu'ils portent sur l'école !

Comment initier un tel projet ? En faire un décret ? C'est risqué. Tout ce qui prend la forme d'une obligation peut être mal perçu. Imposer un modèle qui viendrait d'en haut sous des prétextes égalitaires favorise le caporalisme. Tout le monde est logé à même enseigne, certes. Et personne ne se sent concerné ! Mieux vaudrait présenter l'esprit de la démarche et laisser une marge de manœuvre à chaque équipe éducative. Les élèves ne seront pas accueillis de la même manière ? Mais c'est déjà un leurre, aujourd'hui, de penser que tous reçoivent le même accueil : les élèves perçoivent bien la différence entre un proviseur dont le pétillant discours de bienvenue donne envie à tous de plonger dans le savoir… et un autre, qui expédie le sien comme une corvée, les yeux sur sa montre, sans jeter un regard aux petits nouveaux.

De cette rencontre, comme de la crise actuelle, il revient à chacun de se débrouiller pour en faire une chance ; bien sûr, il y a une part de risque. Pourtant le risque ne disparaît pas en ne faisant rien. Et ce « rien » n'est jamais neutre pour un élève. Ce professeur avec lequel le jeune n'échange rien/ne construit rien renvoie à l'élève le message suivant : « Ce prof n'en a rien à faire de moi ; je n'intéresse personne, je n'existe que dans mes mauvaises notes. »

DIFFÉRER UN PLAISIR POUR POUVOIR APPRENDRE

Arriver à différer le plaisir, voilà une notion précieuse lorsqu'il est question d'apprentissage. Car savoir réciter une poésie ou comprendre la fonction dérivée en mathématiques ne se fait pas en un clic. Apprendre sous-entend que le jeune est capable de patienter. Comme il a confiance en nous, il accepte de s'embêter un peu maintenant parce qu'ensuite, quelque chose compensera la peine qu'il se donne. Par exemple, déchiffrer mot à mot est un exercice casse-pieds, mais bientôt, l'enfant sera capable de lire des histoires tout seul et il a hâte d'atteindre ce niveau de perfectionnement ! Tout imprégnés de valeurs judéo-chrétiennes, nous nous sommes longtemps trompés en parlant de la frustration : « Il faut frustrer l'enfant, ça lui forge le caractère. » En réalité, c'est justement parce qu'il n'est pas trop frustré qu'il peut apprendre la frustration ! C'est parce qu'il a confiance en son parent, qu'il sait que celui-ci va finir par lui donner un bisou/un bonbon/un scooter que l'enfant ou l'adolescent accepte de patienter. Sinon, s'il n'a pas confiance en son parent, il sera bien incapable d'attendre. S'il est tout-petit, il va se rouler par terre pour obtenir gain de cause. Et s'il est plus grand, il adoptera un comportement infernal pour faire céder ses parents ou leur faire payer leur rigidité.

Ce discours sur la supposée valeur de la frustration a servi, un temps, à se réapproprier l'injustice de la souffrance : puisque la douleur est inhérente à la vie, habituons-nous à la frustration et à la peine, se disait-on. À l'époque, mieux valait apprendre à tolérer la souffrance. Les femmes accouchaient « dans la douleur » et, dans les unités de soins palliatifs (qui ne portaient pas encore ce nom), personne ne se préoccupait d'apaiser la douleur des patients. Si cela a été concevable autrefois de valoriser la frustration, cela n'aurait pas de sens de continuer à la promouvoir désormais ! Donc, au lieu de dire « cela te fait du bien d'être frustré », il serait plus judicieux d'insister sur la notion de confiance : « Tu vas voir, cela vaut la peine de se donner un peu de mal. » L'enfant aura loisir, ensuite, de dire qu'il n'aime pas les fonctions dérivées ou qu'il est hermétique à la poésie. Ce qui n'a pas le même sens que de décréter, avant d'avoir essayé, que la poésie et les maths l'ennuient.

Ne demandons pas à l'enfant qui vient d'être frustré d'applaudir à deux mains la position parentale. Le petit enfant qui voudrait bien un x-ième camion bleu et à qui nous répondons « non, je pense que tu en as assez. Par contre, je veux bien jouer avec toi dès qu'on rentre à la maison » ne va pas valider notre refus de le gâter ! Les règles que nous posons peuvent être expliquées *a posteriori*, pas parce que nous nous sentons coupables de priver notre petit chéri ou notre grand adolescent d'un plaisir auquel il aurait droit mais pour revenir sur l'intérêt de cette règle : « Je t'embête avec l'apprentissage de l'anglais ? Mais cela te donnera une liberté formidable, tu pourras aller n'importe où dans le monde ! » Notre attitude étaye bien sûr nos propos. Si nous avons l'air de prendre du plaisir à travailler, à découvrir des choses que nous ignorions il y a peu, l'enfant se laissera peut-être convaincre qu'en effet, cela peut valoir le coup de suer d'abord un peu pour se régaler ensuite !

COMMENT CULTIVER LE GOÛT DE L'EFFORT ?

Vaste question, à l'heure où quantité de parents se désolent de voir que leurs enfants ont perdu cette valeur si utile à l'école. Les jeunes ne le font pas exprès. Ils ne voient tout simplement pas l'intérêt de se forcer, comme si le couple effort/plaisir était déconnecté en eux. Alors, ils soupèsent le livre qu'ils doivent lire en français et sont horrifiés s'il compte plus de deux cents pages ; en EPS, ils s'arrêtent au bout de trois tours de stade, au prétexte qu'ils sont trop fatigués. Le sondage (Pfizer, 2012) cité plus haut souligne bien la dissonance entre l'attente des parents et celle des jeunes en matière de goût de l'effort : 47 % des adultes la citent comme l'une des valeurs essentielles à transmettre aux adolescents. Lesquels sont 28 % seulement à la mettre en avant. Eux, ils privilégient plutôt la notion de confiance en soi… que seulement 4 % des adolescents considèrent comme une valeur inculquée par leur entourage adulte !

Les jeunes attendent donc qu'on leur donne confiance en eux avant de se mettre au travail, alors que les adultes aimeraient que les jeunes fassent preuve d'un peu plus de vigueur devant l'effort ! Sur ce sujet, les parents avancent sur des œufs. Pour ne pas reproduire le carcan rigide qu'ils ont subi, enfants, ils ont assoupli leurs principes éducatifs ; ils sentaient bien que le discours généreusement servi (« Il faut en baver/On n'est pas là pour s'amuser ») n'était guère porteur. Ce faisant, certains ont pu laisser penser à l'enfant que la vie devrait être un vaste divertissement. L'enfant en a donc conclu qu'il devait écouter son désir, et non ouvrir son cahier de textes. Il a donc continué à lire sa BD au lieu de faire ses devoirs. Mais c'est un leurre d'imaginer que naturellement, le jeune sait ce qui est bon pour lui. Pour l'instant, il a pris l'habitude de privilégier son plaisir immédiat et de contourner la case « effort ». Lequel mot n'a pas le même sens selon la personne qui l'emploie : l'élève voudrait réussir sans forcer. Quand le professeur lui demande de faire un effort, cela signifie qu'il attend le travail minimal qui lui permettra de progresser et de se faire plaisir. Le parent, lui, est partagé. Il voudrait bien que son enfant accède à un bien-être immédiat et à des résultats convenables sans trop d'efforts. Mais il sait aussi que la gloire et la réussite ne se décrochent pas en tendant le bras ; qu'il faut apprendre à aimer ce qu'on fait et à s'accrocher, même quand c'est ardu. Se tromper et essayer encore, apprendre à aimer ce pour quoi on n'est pas de suite doué : tout cela ne s'acquiert pas sans avoir accepté de différer un peu son plaisir. L'élève qui a perdu le goût de l'effort a souvent besoin d'être accompagné. Il a perdu confiance en lui. Lorsqu'il se met au travail, une petite voix lui souffle : « Tu ne vas pas y arriver. » C'est pour cela qu'il est impératif de bien calibrer l'effort demandé. Il sera d'autant plus facile à fournir que l'élève pense qu'il peut y arriver. Le travail procure alors du plaisir et de l'apaisement, quand l'élève constate que s'il a compris cet exercice, il peut comprendre le deuxième, puis le troisième. C'est cette dynamique qu'il faut retrouver, pas en accusant le jeune d'être fainéant mais en l'accompagnant vers une réussite accessible et valorisée par son entourage.

LA PLACE DE L'ERREUR

Toutes les enquêtes internationales qui évaluent les systèmes scolaires de l'OCDE le confirment, les élèves français sont terrorisés à l'idée de se tromper. Ils affichent ainsi des taux de non-réponses anormalement élevés, manifestant une réticence à donner une réponse fausse. Cette crainte est en partie corrélée à l'enseignement vertical si prisé dans nos écoles, collèges et lycées. Le système éducatif est resté très attaché à une pensée verticale avec, d'un côté, un maître qui détient le savoir, et de l'autre, un élève qui le reçoit. À quelques exceptions près, nous avons peu assoupli ces positions. Si bien que pendant les trois quarts du cours, l'élève note ce que dit le professeur, alors que les élèves scandinaves construisent avec leur enseignant ce qu'ils sont en train d'apprendre. Nos élèves gagneraient, eux aussi, à oser une pensée un peu atypique, à se débarrasser de l'étiquette « Ceux qui ne savent pas », par rapport au professeur tout-puissant. Mais gardons nous de survaloriser une approche plus horizontale du savoir, telle qu'elle se pratique en Europe du Nord ou aux États-Unis. Dire « Du moment que tu questionnes, c'est bien/Comme ta remarque est intéressante » à chaque fois que les élèves ouvrent la bouche, cela ôte toute tension et incite quelques-uns à dire tout ce qui leur passe par la tête. Est-on sûr que cela fera progresser les autres ? En physique, en conjugaison, etc., on n'improvise pas, il faut accepter de s'appuyer sur le savoir des autres pour avancer ! Les élèves français ont peur de se tromper, souligne-t-on, comme si c'était une faiblesse de notre système. Néanmoins, est-ce une bonne chose si cela n'a d'importance pour personne qu'on se trompe ou non ? Il me semble qu'on oppose trop l'enseignement vertical et l'enseignement horizontal. D'accord, il faudrait valoriser le questionnement ; mais pourquoi l'un se ferait-il au détriment de l'autre ? Quand un élève n'a pas la réponse, son professeur ne le regarde pas forcément comme un ignare. L'enseignant peut dire : « Tu t'es trompé, ce n'est pas grave. On va reprendre ce que tu n'as pas compris. » Une réaction accueillante, incitative et en même temps rigoureuse. Par ailleurs, nous pourrions aussi nous interroger sur la méthode des enseignants. Ils ne sont pas différents de nous : ils ont tendance à reproduire (ou s'opposer à) ce qu'ils ont connu. Alors, à qui s'adressent-ils ? À leurs anciens professeurs, encore présents dans leur tête, pour leur montrer comment ils se débrouillent ? Aux trente-quatre élèves qu'ils ont devant eux ? Il est certainement possible de panacher les approches, pour intégrer les évolutions sociologiques et les nouveaux outils à disposition. Enfin, ne jetons pas la pierre aux enseignants, assommés par les injonctions paradoxales dont ils sont inondés : faites des cours exigeants mais aussi séduisants ; placez l'élève au centre des savoirs mais sachez vous imposer ; responsabilisez les enfants mais n'oubliez pas qu'ils ne sont pas encore des adultes ; apprenez-leur le plaisir du travail bien fait mais ne les accablez pas de devoirs.

LA CULTURE DE L'ADOLESCENT ET LA NÔTRE

Ne nous leurrons-nous pas avec ce que nous avons vécu ? À nous écouter aujourd'hui, nous étions tous des lecteurs avertis, amoureux de Chateaubriand et de Voltaire dès nos jeunes années... Ces livres qui faisaient partie du programme, les avons-nous tant aimés que nous le déclarons aujourd'hui ? Et si, au lieu de poser notre culture avec un grand C comme la référence en la matière, nous acceptions d'inclure celle des jeunes ? La génération à venir lira peut-être moins que l'actuelle. N'en faisons pas un drame ; c'est cette souplesse qui permettra qu'un lien à la lecture soit maintenu et se « réveille » plus tard.

Par ailleurs, les adultes épris de culture ont-ils favorisé l'ouverture aux autres ? Nous connaissons tous des gens cultivés, ouverts et curieux de tout. Et d'autres, qui se sont enfermés dans la culture comme dans une tour d'ivoire, se nourrissant de mots et d'une phraséologie qu'ils ne tenaient pas à partager avec grand monde. Pourquoi refuser à certains, qui ont du mal avec la lecture, de communiquer autrement ? Tout est question de motivation et nous devons entendre que les jeunes soient aujourd'hui accrochés par autre chose que par ce qui a capté notre attention lorsque nous avions 15 ou 18 ans. Enfin, il existe aussi des passions tardives, des jeunes qui découvrent la lecture à 25 ans. D'où l'intérêt de maintenir les occasions de rencontre sans vouloir qu'il y ait un accrochage immédiat, et sans que cela dévalorise le jeune si, pour l'instant, il a d'autres moyens de s'exprimer. La « vraie » culture n'est-elle pas à réinventer, pas à partir de rien...

mais pas non plus à partir de quelque chose qui serait figé une fois pour toutes ?

FIXER LE MODE D'EMPLOI DES OBJETS NUMÉRIQUES

La concurrence que font les objets numériques à l'école est quasi déloyale : comment les adolescents pourraient-ils résister à la tentation d'aller jeter un œil sur Facebook/leurs SMS quand ils ont ces écrans à portée de main ?

Nous demandons l'impossible à nos enfants : nous introduisons des objets de tentation sous leur nez... avec ordre de résister à cette tentation ! Il serait plus simple de fixer, une bonne fois pour toutes, leurs règles de fonctionnement pour ne pas devoir sans cesse y revenir. Le téléphone portable, pour commencer : à l'école, il devrait être interdit. Il l'est, officiellement, dans bon nombre d'établissements. Mais les élèves ont le droit de l'allumer entre midi et deux, aux récréations. Bref, comme ils l'ont avec eux et qu'il est branché de temps à autre, ils s'en servent. Il serait plus simple d'interdire clairement son usage une fois franchi le portail du collège, par exemple. Les élèves apprendraient à s'en passer, acceptant comme un état de fait qu'il y a des endroits où ils peuvent l'utiliser et d'autres, non. Leur demander de décider eux-mêmes de se réguler ? L'idée est séduisante, sur le papier. Mais elle aboutit à une sélection sévère entre ceux qui parviennent à s'en priver quelques heures et les autres, qui ne peuvent pas s'y résoudre.

Le jeune ne doit pas croire qu'une fois rentré chez lui, il est enfin libre de téléphoner ou d'envoyer des SMS autant qu'il le veut ! Sous le toit familial aussi, il existe un mode d'emploi du numérique à respecter. Par exemple, tous les portables sont éteints et posés sur la table de la cuisine à 22 heures. Contrairement à ce que le jeune pense, le laisser seul libre de décider quand il s'en sert ou non, ce n'est pas une liberté que nous lui offrons : il ne peut pas résister à l'envie de répondre si son téléphone vibre à 23 h 30 ! D'ailleurs, il ne peut pas ne pas répondre. Qu'en diraient ses copains ? Ils lui enverraient aussitôt un SMS : « Pkoi tu ne réponds pas ? » C'est pour cela qu'un portable en position sommeil de 22 heures au lendemain matin libère de l'obligation de la réponse. Et si le jeune déclare qu'il n'a plus de portable après 22 h, tant pis pour les copains qui se désolent : « Dans quelle famille tu vis ! » Ces derniers se trompent sur le sens de cette règle. Il ne s'agit pas de confisquer le portable parce que c'est mal de s'en servir, mais plutôt de mettre son utilisateur à l'abri de quelque chose qui n'est pas indispensable et à laquelle il est impossible de résister. Comme de discuter jusqu'à 1 heure du matin avec son meilleur ami, ne pas dormir assez et, le lendemain, se sentir mal en classe. L'essentiel n'est pas de jouer sur la verticalité de l'autorité, mais d'expliquer la position parentale : « Tu veux réussir ta terminale ? Alors, tu ne dois pas être trop fatigué. Tu dois avoir le temps de travailler, de te détendre mais aussi de te reposer. Sinon, tu ne tiendras pas. » Même topo avec notre jeune qui s'installe devant l'écran en rentrant du lycée : une petite partie avant les devoirs ? Très bien. Mais est-ce possible d'arrêter la partie en cours, ou est-ce obligé de jouer jusqu'à 20 heures ?

LA TEMPORALITÉ DU SAVOIR

Plus généralement, il faudrait s'entendre sur une contrainte : la chose scolaire exige une temporalité particulière. Étudier demande du temps. Comprendre un théorème/composer une dissertation ne se font pas en un clic de souris. Cette énergie que l'élève doit mobiliser, il ne la trouvera que si ses parents posent des barrières à ces objets technologiques qui n'en ont pas, tout en expliquant que ce n'est pas une punition mais une façon d'éduquer sa liberté.

Si nous sentons qu'un tiers amènerait un peu d'air frais en famille, nous pouvons faire appel à des aides extérieures, de jeunes étudiants par exemple. Nous pouvons également compter sur les rencontres qui donnent envie de s'investir davantage. Si un professeur qu'il aime bien rend sa copie avec ces mots : « Tu aurais pu mieux réussir, non ? », le jeune peut avoir envie de passer à la vitesse supérieure. Le but n'est pas de disqualifier ses choix mais de chercher à concilier ce qui compose son quotidien, en donnant une perspective à ce qu'il vit : « Que veux-tu faire l'an prochain ? Tes résultats te permettent-ils de rentrer dans cette école ? Si c'est trop juste, il faut te remettre à travailler. C'est compréhensible que tu aies envie de brancher l'ordinateur, car jouer apaise ton angoisse, mais ce serait dommage que le temps passé à te détendre te ferme des portes et te prive de choses importantes pour toi. Tu dois apprendre à concilier les deux, la détente et ce que tu construis pour demain. » Comment réagit le destinataire de ce message ? Souvent, il se rebiffe. Il ne supporte pas d'entendre que passer des heures devant un écran, c'est une façon de calmer un malaise. Il s'arrête quand il veut, bougonne-t-il. En réalité, il est compliqué de décider de ne pas allumer l'ordinateur. C'est comme s'il était au ski, en train de glisser sur une pente verglacée, et qu'il hurlait : « Parfaitement, je m'arrête quand je veux ! » Pour en être sûr, il faudrait déjà qu'il s'arrête de glisser… Se laisser porter pendant un temps, c'est agréable. Mais lorsqu'on prend de la vitesse et qu'on ne contrôle plus rien, cela devient dangereux. Et on ne peut plus répéter : « C'est moi qui décide… »

« QUE VEUX-TU FAIRE, PLUS TARD ? »

Cette interrogation, un adolescent n'a pas fini de l'entendre tout au long de sa scolarité. Et, particularité de notre époque, les élèves sont confrontés à cette question de plus en plus tôt. Ainsi, lors du discours de bienvenue aux élèves de 5e en début d'année, un proviseur déclare aux parents : « C'est important que votre enfant se projette dans son avenir. Il va sûrement changer d'avis plusieurs fois ; ce n'est pas grave, tant qu'il se projette ! » Doit-on se réjouir ou s'inquiéter du fait que nos enfants soient si tôt sensibilisés à leur avenir ?

Tout dépend du discours. Ne pas du tout parler d'avenir pourrait faire penser aux élèves que les enseignants se moquent bien de ce qu'ils feront plus tard. Perspective peu motivante. Mais présenter ce « projet d'avenir » comme une injonction impérative, sans laquelle l'élève file droit vers une impasse, a quelque chose d'angoissant. Quantité de collégiens n'ont actuellement aucune idée précise de ce pour quoi ils sont doués ! Mais un discours charismatique peut également créer une envie chez un jeune. Quand cet adulte (et pas n'importe lequel, puisqu'il s'agit du proviseur) dit que, « grâce aux apprentissages que vous recevrez, vous allez vous enrichir. Ces années de collège vont révéler les potentialités qui dorment en vous », il déclenche une envie dans la tête du jeune, en montrant une route possible, au loin. Or, pour un jeune, l'ouverture a besoin d'être portée par la dynamique des adultes. Et ce rôle d'éclaireur sied bien à un proviseur. Tant mieux s'il éveille un désir, s'il aiguise l'appétence qui ouvre au monde. Si le discours de ce proviseur sème quelques graines dans la tête des adolescents, qui s'en plaindra ?

Chapitre 7

Les premiers pas du jeune adulte

Où il sera question de la difficulté de faire un choix, de l'orientation, de la place de l'échec et de la nécessité de se tromper pour être sûr d'avoir choisi la bonne direction, de la confiance en soi, de la confrontation au monde du travail pour savoir ce qu'on vaut… Et aussi de grandir loin des siens, à l'autre bout du monde, si le projet se présente.

MARQUER LES ÉTAPES SYMBOLIQUES

Impatients de voir grandir nos enfants, nous oublions parfois de marquer d'une pierre les étapes symboliques qui représentent leur entrée dans le monde des adultes, le moment où nous leur disons : « Tu es grand, maintenant. » C'est dommage. Pourquoi nous mobiliser lorsque notre jeune rate, redouble, dérape ou fait une bêtise… et ne pas le faire en fêtant les grands moments de sa vie ?

Ces temps de plaisir partagé, ces « premières fois » symboliquement célébrées, tout le monde s'en souviendra. Pas besoin d'un rituel particulier, il n'y a plus de règles en la matière. Certaines familles fêteront la première fois où le jeune a pris le volant pour emmener tout le monde en vacances, avec son permis de conduire tout neuf. D'autres, le premier vote de leur jeune majeur ; la première fois que les parents lui laissent la maison et partent en week-end sans lui. Le jeune en garde généralement un souvenir précis : « Je me souviens de la fête de famille pour mes 18 ans. Chacun avait marqué un mot sur une grande carte : je me rappelle très bien du mot de mon père, très émouvant, sur l'envol », note Théo, 20 ans. Qui poursuit : « J'ai plusieurs repères précis, qui balisent mon parcours ; mais j'aime bien l'idée qu'il y en ait peu. Ce ne sont pas mes parents qui, en marquant le coup, décident du moment où l'on devient grand. Les choses se font naturellement et ils accompagnent ce mouvement. »

SES ATOUTS, SES POINTS FAIBLES

À 14 ou 21 ans, un jeune a bien du mal à savoir pour quoi il est doué. La valeur qu'il s'accorde dépend de ses notes à l'école. Pas facile de s'orienter sans savoir qui l'on est et ce qu'on vaut. D'autant que l'école a tendance à relever les défauts mais rarement les qualités. Elle devrait, pourtant : le jeune a autant besoin d'encouragements quand il peine que de félicitations lorsqu'il réussit !

Nous pourrions l'aider à identifier les valeurs qu'il se reconnaît et celles qu'il chérit le plus chez lui. Ce temps d'introspection est un bon préalable avant de réfléchir à une orientation, à condition qu'il liste dans la colonne « Atouts » tout ce qui le constitue, sa facilité à créer du lien ou son don pour l'espagnol. Ces atouts ne constituent pas un métier en soi mais tout ce qui nourrit le jeune compte pour faire de lui une personne ouverte. Et c'est toujours plus facile de concentrer son énergie sur des choses qu'il fait naturellement plutôt bien et avec plaisir ; cela nourrit sa confiance en lui, confiance dont il aura besoin pour se lancer. Ensuite, il pourra s'occuper de ses points faibles : il a le droit d'être moyennement doué dans un domaine, aujourd'hui… sans que cela l'oblige à le demeurer toute sa vie.

« QU'EST-CE QUE JE VEUX VRAIMENT ? »

Lorsqu'on est jeune, c'est difficile de savoir ce qu'on veut vraiment. Il y a un décalage énorme entre ce qu'on imagine d'un métier et ce qu'il est ; et entre la formation et la profession exercée ensuite. Un exemple ? Celui que je connais le mieux, le mien. Un fossé sépare les années en faculté et le quotidien d'un médecin ! Croyant bien faire, certains parents disent à leur jeune : « Fais ce que tu veux. » Ce message à l'allure positive ne réjouit pas forcément le jeune : certes, ses parents ne cherchent pas à le téléguider dans ses choix. Mais ce message peut donner l'impression qu'ils ne s'impliquent pas dans son orientation, donc qu'ils s'y intéressent peu. Ensuite, en 3e, en terminale ou plus tard, le jeune n'est pas en mesure de déterminer, seul, ce qui lui conviendrait, s'il existe des débouchés et s'il a les qualités requises pour ce genre de métier. Dans un monde idéal, nous pourrions sûrement souhaiter à nos jeunes de faire ce qu'il leur plaît, pour ne pas les enfermer dans un travail qui leur serait imposé. Je crois néanmoins essentiel de donner aux jeunes les moyens de travailler un projet professionnel, de leur rappeler le potentiel d'emplois de leur région (s'ils souhaitent y rester), d'être pragmatiques pour leur permettre de trouver une voie et une place dans le monde. Car rester sans travail lorsqu'on est jeune est l'une des pires choses qui puissent arriver à un jeune.

Face au flou qui entoure leur vision du monde professionnel, les jeunes font parfois des choix guidés principalement par leurs émotions. Je me souviens d'une jeune fille, rencontrée avec d'autres lycéens dans un forum sur l'adolescence. Nous échangions sur leur orientation. Elle voulait faire un bac professionnel mais ses parents, pas convaincus par son choix, lui conseillèrent de tenter un bac général. Les jeunes présents dans la salle réagirent aussitôt : « Ce n'est pas correct, ce n'était pas leur vie ! » La jeune fille poursuivit : « Maintenant que je suis en général, je m'en sors bien, en fait. » Cet exemple illustre tout le problème du choix. On ne peut pas connaître un paysage avant de l'avoir parcouru. Alors, on s'abrite derrière ce qu'on connaît pour se rassurer. Cette jeune fille n'avait pas réellement envie de tenter un bac professionnel : elle craignait simplement de ne pas être à la hauteur en filière générale… C'était donc un choix par défaut, télécommandé par sa peur.

La question « Qu'est-ce que je veux ? » s'accompagne en effet d'une autre : « Qu'est-ce que je vaux ? » Pour l'instant, elle reste souvent sans réponse. Mais pas sans angoisse, dit Romain, 17 ans, en terminale S : « À chaque contrôle, c'est terrible, j'ai l'impression de jouer mon avenir ; les notes que j'obtiens en ce moment vont compter pour mon dossier. Je ne peux pas me permettre de baisser ma moyenne si je veux obtenir la classe prépa que je vise. » Ah, ce dossier qui suit les élèves depuis la première et leur donne l'impression qu'au premier faux pas, ils sont exclus et qu'ils n'ont pas droit à la mauvaise note !

SE CONFRONTER À LA RÉALITÉ

Ce n'est pas parce que nous trouvons le monde du travail dur qu'il faut priver les jeunes de cette expérience ! Les stages, les petits boulots, tout ce qui permet au jeune de se mesurer à une réalité différente de l'école est précieux. Certains enseignants ont un discours ambigu sur le sujet : leur méconnaissance du monde du travail ne facilite pas la création de passerelles ; c'est comme si, à leurs yeux, le savoir constituait la seule échelle de valeur.

Que la rencontre avec le monde du travail soit favorisée ou non, les élèves ont au moins un contact avec l'entreprise : leur stage de 3e. Mais ce ne sont pas cinq malheureux jours, sur sept ans de collège/lycée (en voie générale), qui vont révéler sa vocation à l'élève ! Des stages, plus longs ou plus nombreux, aideraient les jeunes à se faire une représentation plus exacte de ce qu'est le monde du travail. De même, se frotter aux petits boulots n'est jamais du temps perdu. Parfois même, ce face-à-face avec le travail relance le jeune. Nicolas, 19 ans, en témoigne : « J'ai été orienté contre mon gré, en seconde Sciences et techniques de gestion, puis j'ai enchaîné sur une fac de droit. Mais j'ai vite décroché. Pour ne pas perdre une année, j'ai travaillé dans une entreprise de courses en lignes. Cela m'a donné envie de reprendre mes études (un BTS de commerce en alternance). Lycéen, je rêvais de travailler. Mais maintenant que je sais ce que c'est, le travail, je suis heureux d'étudier ! » S'il motive à mettre les bouchées doubles en classe, ce détour par l'entreprise offre en outre une occasion rare de regarder autrement ses parents (et ceux qui travaillent), comme l'explique William : « J'ai travaillé avec mon père (électricien) pendant les petites vacances. Même s'il ne se plaint jamais, j'ai vu son quotidien : il arrive à un âge où il devrait faire plus d'administratif mais en fait, il est toujours beaucoup sur le terrain. C'est fatigant de travailler dans des combles, sous 40°C, entouré de laine de roche, dans des positions pas possibles. Il en bave… mais il n'en parle pas. »

Enfin, le parent peut aussi inciter le jeune à questionner l'entourage amical ou familial pour que chacun décrive son quotidien avec des mots simples. Attention à ce qui nous paraît implicite (acronymes, mots techniques) et qui ne l'est pas pour un jeune ! Lequel constate qu'un adulte brillant a pu être un lycéen très médiocre, et que les parcours linéaires sont rares. Y compris du côté de ses parents.

UN PLAN A, UN PLAN B

Difficile de couper l'herbe sous le pied à un jeune qui a un rêve… alors que la plupart de ses pairs peine à se trouver une passion. Le rêve est en effet un moteur puissant. Mais pour le réaliser, il faut un plan d'action : quel objectif accessible viser ? Quel temps et quels moyens je m'accorde pour y arriver ? Le jeune pourrait aussi réfléchir à un plan B, une solution de repli qui lui plairait également. Ce matelas de sécurité peut l'aider à se lancer plus tranquillement dans son plan A. Aïda, elle, a prévu large : « Il faut rentabiliser, alors moi, j'ai un plan A, mais aussi un plan B, C et D ! Et au fond, si jamais je me trompe, un an, ça se rattrape vite. Et puis, cela peut être une marche et non un échec ! » Car un plan n'exclut pas toujours l'autre. Aujourd'hui, il est tout à fait possible de faire une formation à gauche, et une autre à droite. Ces études en zigzag doivent-elles inquiéter ? Le jeune a désormais des marges de jeu qui n'existaient pas autant autrefois ; il n'est même pas question de considérer qu'il s'est trompé de route. Cette formation « en mosaïque » fait partie du parcours possible : elle n'enferme pas le jeune et lui permettra peut-être de rebondir plus facilement d'ici quelques années s'il est contraint de se reconvertir.

Le jeune peut également envisager une année de césure dans ses études sans que personne ne s'en inquiète. Cette année de pause — parfois prévue au programme — aide l'étudiant à mûrir et fait parfois éclore de belles idées au retour !

Par ailleurs, faut-il soutenir le projet un peu risqué d'un jeune ou l'inciter à être moins audacieux ? La première chose dont a besoin le jeune, c'est d'un parent… cohérent ! Si son parent a été prudent toute sa vie, le jeune pourrait s'étonner de l'entendre prêcher l'audace du jour au lendemain. Mieux vaut donc jouer la carte de la sincérité, et cesser de penser que nous devrions être autrement que ce que nous sommes. Il est difficile de prévoir comment le jeune réagira lorsqu'il sera dans le bain ; comment affrontera-t-il les difficultés ? Certains jeunes sont dévastés au premier échec contrariant la réalisation de leur rêve tandis que d'autres ne se laisseront pas démonter par les épreuves.

UN SYSTÈME INJUSTE, ENTRE LES FILIÈRES « NOBLES » ET LES AUTRES

En France, nous avons survalorisé la connaissance intellectuelle, universitaire, ce qui a poussé vers la filière générale des cohortes de jeunes qui n'y ont pas trouvé leur place. L'idéal égalitaire de départ (amener 80 % d'une tranche d'âge au niveau du baccalauréat) était généreux. Mais nous nous sommes trompés sur le sens à donner à cette notion : l'égalité, cela ne signifie pas « Tous pareils », mais « Que tous aient les moyens de valoriser leurs compétences ». Conclusion : ce modèle a produit l'inverse du résultat escompté. Cette fascination pour l'intellect s'est d'abord accompagnée d'une dévalorisation des métiers manuels. Et des centaines de milliers de jeunes se retrouvent aujourd'hui sur le carreau, sans diplôme et sans projet. Ils n'ont pas seulement perdu leur temps ; ils ont surtout perdu l'essentiel, la confiance en eux. Sait-on qu'1 jeune de 15 à 26 ans sur 7 est sans emploi et sans formation (chiffre DARES, 2011) ? Que le taux de chômage des jeunes sans qualification est quatre fois et demie plus élevé que celui d'un diplômé du supérieur (*cf.* vœux à la presse de Thierry Repentin, ministre chargé de la formation professionnelle, janvier 2013) ? Pour certains jeunes, ce n'est donc pas forcément une chance d'étudier des matières « intellectuelles ».

C'est en partie pour cela que près de 30 % d'une génération n'obtient pas le bac. Comment ces jeunes adultes imaginent-ils leur futur ? Vincent, 20 ans (interrogé pour Génération Quoi, France 2, *Le Monde*, Europe 1, 2013/Bac ou crève, épisode 2), a redoublé deux fois avant de démarrer un CAP cuisine : « La restauration, j'ai choisi sur un coup de tête. Mon père comprend que j'ai envie de faire autre chose, que je veux me lancer dans une autre branche. N'importe quel métier, il sera content pour moi », dit-il, avant de murmurer : « Je sais que j'ai déçu mes parents. » C'est assurément le plus lourd à porter pour lui, rester à la charge de sa famille, partagé entre la culpabilité et la rage de voir les autres avancer quand soi-même, on fait du surplace. Le système est d'autant plus injuste qu'il n'offre pas beaucoup de seconde chance à ceux qui ont loupé le coche la première fois. Oumou, 25 ans (enquête Génération Quoi), l'a observé : « J'aurais pu faire des études ; mais la vie, aujourd'hui, c'est par étapes. Il y a le temps des études, le temps pour se marrer, pour faire des voyages, des enfants. Il y a des trucs, c'est mort pour moi maintenant. »

Ne nous cachons pas derrière notre petit doigt : la filière professionnelle et l'apprentissage, c'est formidable… chez les autres. Sur ce sujet, l'école n'a pas bougé d'un iota depuis des années. Elle exprime trop la culture qui a prévalu à une certaine époque mais qui n'est plus valable pour tout le monde aujourd'hui. Il serait plus que temps d'ouvrir le système scolaire à de la pratique, des travaux manuels, des activités transversales, une approche de l'élève où son évaluation en théâtre ou en « vie avec les autres » compterait autant que ses résultats en mathématiques. Ce n'est pas une vision utopique puisqu'elle est déjà pratiquée ici et là !

LE DROIT À L'ERREUR D'AIGUILLAGE

Un actif sur deux exerce aujourd'hui un métier qui n'a pas de rapport avec sa formation initiale (étude Inetop/Guichard et Huteau) ; la notion d'échec est donc très relative. Elle l'est encore plus pour les jeunes. Leurs études actuelles ne les engagent pas pour quarante ans, puisque leur profession future n'existe peut-être pas encore et que les carrières seront tout sauf linéaires ! La nécessité de changer de métier va donner de la souplesse aux parcours professionnels. C'est une source de richesse mais aussi de contrainte. Comme toujours, les deux marchent ensemble.

Dans ce contexte, rater une année, se tromper, ce n'est jamais du temps perdu. C'est ainsi que le projet personnel se construit, comme en témoigne Jean-Baptiste : « Je me suis trompé de branche après la 3e : l'électricité et l'électrotechnique, ce n'est pas pour moi ! Aujourd'hui, je m'orienterais vers un BTS technico-commercial. Mes parents voudraient m'aider à ne pas me tromper une autre fois. Mais je ne le vis pas comme une erreur : je pourrai utiliser dans un métier commercial les connaissances techniques que j'ai acquises pendant ces années de bac pro. » Par ailleurs, on ne revient jamais au même point de départ. Amira, 20 ans, l'a vérifié : « Après mon bac, je suis rentrée en école d'infirmière. Au bout de six mois, je me suis rendue compte que ce n'était pas de cette façon que je voulais aider les autres ; je me suis alors inscrite en fac de droit. J'ai envie de faire du droit dans l'environnement. » Elle a eu besoin de passer par ce parcours pour pouvoir dire « non » à un métier sans le regretter et pour ne pas avoir l'impression de suivre aveuglément la voie de papa (juriste d'entreprise) et maman (avocate).

Par essence, l'idée du choix est anxiogène : choisir la voie A, c'est renoncer à la voie B. Et le jeune, qui ne veut louper aucune opportunité, hésite. Comme il n'est pas sûr de ce qu'il est, il se demande s'il fait le bon choix. C'est pour cela qu'il s'emporte quand son parent demande : « Tu es sûr ? » Bien sûr qu'il n'est pas sûr ! Comment pourrait-il l'être ? Il n'a pas fait ses preuves puisqu'il démarre dans sa vie ; il a montré qu'il pouvait obtenir son bac (le brevet, un bac pro) mais cela ne suffit pas à le rassurer sur ses compétences… Face à ces questions angoissantes, beaucoup de jeunes retardent leur choix. Certains redoublent, font une première année de faculté, puis une seconde première année. D'autres rentrent en classe préparatoire. Mais tout élève devra un jour ou l'autre se prononcer. Vers 16 ans, s'il doit s'orienter ; s'il est bon en classe, cette butée contre le réel arrivera plus tard.

UN MONDE DU TRAVAIL PRÉCAIRE

Contrats en intérim, stages à répétition, CDD : c'est par la « petite porte », si l'on peut dire, que les jeunes débarquent dans le monde du travail. Ils y arrivent imprégnés de l'idée que la crise s'est installée durablement. 67 % seulement des 18-34 ans espèrent qu'ils connaîtront autre chose que la crise (enquête Génération Quoi). De plus, ils sont préparés à l'idée d'exercer plusieurs métiers au cours de leur carrière. Résumé ainsi, leur avenir professionnel nous fait frémir ? Mais c'est la seule chose que les jeunes connaissent. Une réflexion d'une jeune femme interviewée dans l'enquête citée plus haut l'illustre bien. Cette enquête est relayée par un site web (generation-quoi.france2.fr) qui présente de courtes vidéos des jeunes interviewés, pour composer un portrait en mosaïque de cette génération. Sabrina, 26 ans, est filmée en train de lire une question (Dans quelle mesure te sens-tu adulte ?) puis les trois réponses proposées : « Le fait d'avoir des enfants, d'avoir fini ses études, d'être en CDI. Tout cela ne veut plus rien dire aujourd'hui. Les études, on les finit tardivement. Et puis le CDI, ça n'existe plus de toute façon », dit-elle ironiquement. Elle n'a pas complètement tort : 55 % des 25-29 ans occupaient un emploi précaire en 2011 (Observatoire des inégalités).

Cette confrontation souvent amère à la précarité explique en partie la méfiance de cette génération vis-à-vis du monde du travail. À force de devoir patienter, d'être assis sur des sièges éjectables, de voir leurs parents payer cher un investissement peu reconnu, les jeunes ont perdu quelques illusions. Et sont circonspects sur ce qu'ils peuvent attendre de leur travail futur. Benjamin anticipe les difficultés futures : « Je m'étais toujours dit qu'il fallait que je gagne de l'argent. Mais j'ai l'impression de m'être libéré de la pression de l'argent : comme on aura un niveau de vie probablement inférieur à celui de nos parents, mieux vaut que je fasse quelque chose qui me plaît. Ça me permettra de trouver des compensations ! » Parfois aussi, il faut accepter l'idée que le monde du travail n'apporte pas ce qu'on en espérait. Constance, 23 ans (Génération Quoi) en fait l'expérience : « Vu que je travaille dans un centre aéré auprès de gamins un peu pénibles, il faut bien dire, et que j'ai un mastère en communication politique, je dirais que je ne suis pas payée à hauteur de mes qualifications. »

GRANDIR LOIN DES SIENS

Nous vivons dans une époque où tout ce qui est possible devient légitime. Donc, puisque les programmes d'échanges le permettent et que le monde semble avoir rétréci, pourquoi ne pas faire une année d'études au Danemark ou démarrer sa vie professionnelle à l'autre bout du monde ? Beaucoup de jeunes partagent ce point de vue : en 2013, 27 % des jeunes diplômés envisagent de chercher un emploi à l'étranger, contre 13 % en 2012 (source Deloitte).

Toutes les expériences, à partir du moment où elles nourrissent un jeune, sont positives. Et pour certains, partir loin est tentant car dans ce pays d'accueil, le compteur repart de zéro : personne ne sait rien de nous, ni de nos frasques passées ni d'un redoublement récent. Cet effet « ardoise vierge » motive un grand nombre de jeunes, comme l'illustre Alice, 25 ans, qui vit en Australie : « Je suis partie en 2009, après avoir obtenu mon diplôme en marketing. Lehmann Brothers venait tout juste de s'écraser ; tout ce qui nous a été inculqué en termes de modèle économique devenait moins évident… surtout en marketing ! Aujourd'hui, je crée une petite structure d'accompagnement stratégique pour des *start-up* australiennes. Le côté "page blanche" est très excitant. Et ce que je fais, je n'aurais pas pu le faire de la même manière en France. Par exemple, la prise de risques, nécessaire pour me lancer, est d'autant plus facile que je n'en parle pas à ma famille. » Certains jeunes, qui piétinaient en France, ont révélé leurs potentialités en s'éloignant. Et si jamais l'expérience n'est pas concluante ? L'échec n'a pas le même sens là-bas qu'ici : si cela se passe mal, il ne faut pas hésiter à revenir, sans craindre ce que l'entourage pourrait dire. Car là aussi, l'effet « ardoise vierge » va jouer : un échec à l'autre bout du monde sera moins encombrant qu'un autre, subi dans la même branche/la même région !

Enfin, pour certains, l'éloignement permet de couper le cordon une bonne fois pour toutes. Alice poursuit : « J'ai l'impression d'avoir été obligée de partir pour pouvoir me construire. Il m'a fallu mettre de la distance kilométrique pour installer la distance psychique que j'avais du mal à mettre, notamment avec ma mère. Si j'étais restée à proximité, j'aurais été dans le rayon d'influence de ma famille. Ce qui m'aurait conduit à faire des choix pour m'opposer à mes parents ou pour me conformer à leurs attentes. Ma construction aurait peut-être pris plus de temps. » C'est une richesse lorsque l'éloignement permet de grandir en soi ; l'internat joue également ce rôle dans la vie d'un jeune. L'essentiel est de savoir qu'il est toujours possible de revenir en arrière, sans en faire un drame ni le vivre comme un échec.

Il faudra rester attentif, en revanche, au jeune qui part loin des siens sans projet ni but précis. Un tel voyage n'est pas recommandé pour tous, mais ce jeune en a peut-être besoin pour se prouver qu'il en est capable. Et une année sabbatique ? Pourquoi pas, à condition que le jeune trouve un moyen d'en tirer un bénéfice culturel, professionnel ou personnel, parce qu'il gagne en débrouille, qu'il apprend à skipper ou à parler chinois. Une année sabbatique à Katmandou, je veux bien… Mais je ne suis pas sûr que l'expérience soit à conseiller ! Sans leurs repères habituels et loin de leur entourage, certains jeunes peuvent se mettre en danger, dans une forme de dépression, ou fuir une situation anxiogène. Mieux vaut privilégier l'échange et vérifier, avant le départ, que ce voyage n'est pas une façon habile de mettre quelques dossiers délicats en attente.

Chapitre 8

Le travail, qu'en dire ? Que taire ?

La façon dont nous parlons de notre métier, les joies et plus souvent les peines que nous en rapportons, influencent l'image du monde du travail que se fait un jeune. Quelle photographie du monde du travail montrons-nous à nos jeunes ? Est-elle tentante ou menaçante ? Nous ne pouvons pas filtrer toutes les mauvaises nouvelles en provenance de notre travail. Mais il nous appartient de taire ce qui n'aurait pas de sens pour un jeune, ce qui serait trop angoissant... et de parler du plaisir, aussi.

LE TRAVAIL DES PARENTS

Beaucoup de jeunes entendent depuis des années leurs parents se plaindre de leur travail ou des conditions dans lesquelles ils doivent l'exercer. Mais d'un coup, note Estelle, « alors qu'eux-mêmes ont renoncé à s'investir dans leur métier, leur discours change quand il s'agit de mon orientation ; je dois trouver un métier sûr, et m'impliquer à fond. Il faudrait savoir ! ».

Comment parler de son travail ? Et que doit-on cacher pour préserver chez nos jeunes l'envie de se lancer ? Le sujet est complexe. Car les réponses varient selon que nous aimons notre métier, mais pas la façon dont nous devons l'exercer ; nous avons un métier purement alimentaire ; notre métier nous passionne ; nous avons perdu un métier et peinons à en retrouver un autre. Il va falloir filtrer nos propos parce qu'un jeune peut mal interpréter nos paroles. Par exemple, nous vivons un événement douloureux (un chef ou un collègue odieux, un surplus de travail angoissant). Mais cette plainte ne signifie pas que nous allons nous écrouler : nous restons capables de faire face. Parce qu'il se projette dans une situation qu'il juge intenable, l'adolescent peut vivre dramatiquement cet épisode et nous imaginer bientôt harcelés, au chômage ou en *burn out*. Mieux vaut donc modérer notre désir de transparence lorsque nous évoquons le travail. De toute façon, le jeune est forcément au courant de la précarité qui gagne le monde professionnel, des risques de harcèlement, des contraintes physiques ou psychiques qui pèsent sur certains salariés. Une saine distanciation permet d'opérer un premier filtrage des informations et de ne livrer au jeune que ce qui fera sens pour lui.

Cette confrontation avec le réel est instructive : il apprend que la perfection n'existe pas, qu'on peut choisir un travail parce qu'il a un sens pour nous, mais qu'il comporte des inconvénients ; qu'on peut vivre des moments difficiles mais s'accrocher quand même ; qu'on peut ne pas aimer son travail mais apprécier la sécurité qu'il offre ou le temps qu'il laisse pour cultiver son potager ou faire du sport ; qu'on peut avoir un métier peu valorisé, mais tirer du plaisir à le faire bien ; qu'on peut ne pas avoir un bac + 5 et s'épanouir au travail. Et avoir un bac + 5 et s'épanouir, aussi. Ce passage par la diversité des situations professionnelles permettrait de remettre le plaisir de bien faire ce qu'on fait — qu'on soit ouvrier ou P.-D.G. — au centre du débat. Ce serait un bon moyen de revaloriser certains métiers considérés comme bas de gamme. Ils en ont besoin car j'observe qu'il y a souvent une gêne à parler d'un travail peu qualifié. Mais quelle que soit notre profession, le jeune retiendra avant tout la façon dont nous en parlons. Lui, dont le rapport à l'argent est flou, gagnerait à entendre son parent dire : « Mon travail permet de faire vivre la famille ; c'est grâce à lui que nous partons en vacances chaque été et que les factures sont réglées. » C'est un objectif noble, non ? Et probablement la façon la plus simple de rappeler à celui qui va plonger dans le bain d'ici peu qu'en matière de travail, chacun doit fixer ce qui lui semble prioritaire (l'intérêt du métier, la liberté, l'argent, le statut, la diversité des contacts ou du quotidien, la dimension internationale)… et accepter le reste.

QUAND LE TRAVAIL PREND TROP DE PLACE

Il n'est pas rare de voir un adolescent souffrir lorsqu'il constate que le travail d'un parent est sa première passion…, loin devant les enfants. Même si le parent jure la main sur le cœur qu'il n'en est rien, le jeune se sent quand même en concurrence face à ce métier qui prend toute la place dans la vie de son père/de sa mère. Un adolescent note : « Limite si mon père ne s'ennuie pas à la maison, le week-end ! » Le jeune n'est pas toujours le seul à mal vivre la place occupée par ce métier envahissant. Ce dernier alimente souvent des conflits au sein du couple. Ou alors il attise la rivalité entre les parents, celui des deux qui est le moins pris souhaitant que l'autre s'investisse davantage dans la vie de famille. Que vaut-il mieux : un travail qui épanouit mais qui coupe du reste de la famille ? Ou un métier moins passionnant ? La réponse appartient à chacun.

Ce sujet pose la question du plaisir dans la vie des parents ; la culpabilité vient parfois brouiller les cartes, lorsque nous n'osons pas dire que nous sommes débordés, peu présents en famille, mais passionnés par ce que nous faisons. C'est le cas chez certaines femmes, notamment. Elles adorent leur métier mais préfèrent dire : « Je suis obligée de travailler. »

Il serait plus simple d'oser parler du plaisir qu'il y a à travailler, à bien faire ce qu'on aime, à progresser. C'est un discours positif pour le jeune. Mais en la matière, nous ne savons jamais exactement ce que les jeunes retiendront des valeurs que nous cherchons à leur transmettre, comme en témoigne la remarque d'Anaïs, 18 ans. Son père, brillant chercheur, venait d'exposer ses thèmes de travail et concluait par : « J'espère transmettre à ma fille le bonheur de se construire par un travail intellectuel. » Laquelle bougonna : « Ce que je retiens surtout, c'est que son travail est la seule passion de sa vie. »

EN CAS DE SOUCI PROFESSIONNEL

Comment protéger les enfants en cas de mauvaises nouvelles au travail ? L'entraide familiale, les collègues et les amis vont faire office de filtre : aborder le sujet avec eux permet de déverser ses angoisses sur d'autres adultes avant d'évoquer la situation en famille. Les enfants se trouvent donc en partie épargnés. Pour soi-même également, il faut trouver les moyens de ne pas être accablé, en sachant qu'il n'est pas toujours possible de maîtriser son angoisse. Un sondage du Secours populaire (septembre 2013) révélait que 41 % des Français interrogés déclarent avoir déjà connu la précarité. Et 86 % pensent que les risques que leur enfant connaisse un jour la pauvreté sont plus élevés (27 % plus élevés, 59 % beaucoup plus élevés). Ces chiffres signalent que le dérapage est considéré comme possible, voire plausible, pour soi-même ou ses enfants.

Quand la vie écrase le salarié, comment rester parent et garder, malgré tout, de la hauteur ? Il n'est pas question de nier les difficultés réelles mais de trouver une raison de rester debout. L'enfant en est une, et de taille ! Pour ne pas s'effondrer, les parents pourraient en effet regarder leur enfant/adolescent comme une source de motivation et de joie. Certains objecteront que c'est une lourde responsabilité pour un jeune. Tant pis s'il le perçoit ! Si les parents ne coulent pas, ce n'est pas seulement parce que l'enfant est là mais aussi parce qu'il est leur joie et qu'ils sont contents de se battre pour lui. Le jeune est en outre rassuré de voir son parent prendre un coup, puis se relever et décider de lutter contre l'adversité. Enfin, le plaisir d'être ensemble ne s'évanouit pas parce qu'un parent traverse une crise professionnelle. Les parents peuvent donc dire : « On n'a pas pu empêcher que papa/maman perde son travail. Même si les mois qui viennent ne s'annoncent pas faciles, on va quand même continuer à vivre et à être heureux tous ensemble. » Ce serait, à l'inverse, un message douloureux pour le jeune de sentir que sa présence ne suffit pas à réjouir ses parents ou à leur donner au moins l'envie de se battre. Face à l'angoisse que suscite la fragilité actuelle de son parent, il arrive que le jeune lui en veuille. Une réaction que l'on retrouve chez l'enfant dont le parent est malade. Je me souviens d'un garçon particulièrement odieux avec sa mère, atteinte d'un cancer. Sa dépendance affective à sa mère était telle qu'il y avait quelque chose d'insupportable à l'idée qu'elle puisse disparaître. Il était en colère contre elle et s'en voulait de lui en vouloir, ce qui le poussait à en rajouter dans la provocation : c'est lui qui coupait le lien, au lieu de risquer d'en être bientôt amputé. Se sentant monstrueux d'avoir de telles pensées, il se montrait odieux. L'entourage jugeait l'enfant insupportable alors qu'en fait, c'était un petit enfant terrorisé à l'idée d'être abandonné, qui se punissait de son attitude odieuse en se faisant rejeter par sa mère. Il faut s'attendre à ce genre de réaction lorsqu'un parent vacille pour des raisons professionnelles. Certains enfants se montreront empathiques, d'autres, odieux, s'enferrant dans des conduites qui leur vaudront un : « Comme tu es un égoïste ! » Mais être dans l'opposition est un puissant antidépressif. Montrer son affection, dire à cet adolescent insupportable ou qui joue l'indifférence, « comme tu dois lui en vouloir, à ton parent, de ne pas assurer. Et comme tu dois l'aimer », peut lever des barrières en lui. Nous devrions toujours nous méfier de l'excès ! Il cache une façon de maîtriser le contraire : trop de goujaterie dissimule trop de désarroi, la colère prenant alors la place de la dépression. Quand la tristesse déborde, elle nous fait susciter le contraire pour neutraliser ses effets. Cette réaction passe par le « circuit court », celui des émotions, pas par le temps de la réflexivité ! Si nous n'étions pas touchés, nous n'aurions aucune raison de verser dans l'excès…

Chapitre 9

Comment accompagner son jeune ?

Ce n'est pas parce qu'il a grandi que le jeune ne peut pas recevoir quelques messages de ses parents sur les valeurs essentielles : l'argent, la place de ceux qui comptent dans sa vie, ses priorités, le décalage culturel entre sa génération et la nôtre. Enfin, tant qu'un jeune reste dépendant de ses parents, ces derniers ont le droit — et même le devoir — de lui rappeler le cadre lorsqu'il dérape et de ne pas le laisser s'abîmer.

PARLER D'ARGENT

Il est toujours temps de parler d'argent avec un jeune : il devra bientôt gérer un budget alors autant le mettre dans le bain au plus tôt. Pas besoin d'exiger de suite qu'il tienne ses comptes sans jamais déraper. Mais l'imprégnation peut démarrer tôt, car tout donne l'occasion de faire œuvre pédagogique. Un exemple ? Il entend à la radio que le salaire médian net en France est de 1 712 euros (chiffre 2011, Insee) ? Nous pouvons lui demander comment il équilibrerait un budget avec cette somme, en rappelant des postes de dépenses qui ont du sens pour lui (assurance voiture, abonnement téléphonique, vacances). Cet apprentissage est d'autant plus utile que sa génération semble un peu coupée de la réalité. Beaucoup de jeunes sont gâtés par leurs parents : tout leur est apporté sur un plateau et en même temps, tout est présenté comme obligatoire. Celui qui ne dispose pas du même équipement que ses pairs est regardé avec surprise : « Comment ça, tu n'as pas d'Ipad ? Tes parents ne veulent pas t'en acheter ? » Cette déconnection n'aide pas à appréhender avec exactitude la gestion qui l'attend demain. De même, être élevé dans une famille sans souci d'argent ne doit pas empêcher les adultes de poser des limites : « J'estime que nous avons assez dépensé ce semestre pour ton apparence. Si tu veux davantage, tu demanderas des sous à tes grands-parents pour Noël. » Par ailleurs, les jeunes sont très doués pour le virtuel mais un peu moins conscients des conséquences de leurs actes dans la vraie vie. « J'ai plié la vieille voiture des parents après une soirée ; ils ne vont quand même pas en faire un drame, elle avait 15 ans ! », râle un jeune. Avant de réaliser qu'il devra travailler un mois cet été pour payer la facture des réparations.

Lorsqu'ils seront autonomes financièrement, le retour à la réalité risque d'être brutal. Oui, le salaire d'un jeune — même brillamment diplômé — est souvent maigrichon. Oui, il faut savoir attendre pour se payer la semaine de vacances dont on rêvait/se priver de quelques plaisirs si les fins de mois sont difficiles. Les jeunes apprendront, du même coup, à ne pas être sans cesse dans la décharge de sensations qui exige une satisfaction sur-le-champ.

Enfin, pour les préparer à des lendemains qui ne chanteront pas forcément, nous pouvons leur rappeler que tout ne se monnaie pas, ce qui est une bonne nouvelle pour les futurs travailleurs précaires qu'ils seront peut-être : l'amitié, l'amour, une balade en montagne, un fou rire entre copains, cela ne coûte rien… mais ces bonheurs-là n'ont pas de prix.

LA PLACE DES GRANDS-PARENTS

Les grands-parents occupent souvent une place à part dans le cœur des jeunes. Ceux qui n'en ont pas ou qui les ont perdus les regrettent. Et ceux qui ont tissé avec eux des liens forts apprécient ces adultes, détachés des contraintes éducatives et pleins d'affection. Ces grands-parents auraient des choses à leur apprendre. D'abord, ils sont depuis longtemps sortis de la frénésie du « rester jeune », qui occupe peut-être encore leurs propres enfants. Ils sont aussi la preuve vivante que la vie change et que ce n'est pas un drame, et qu'on peut nager à contre-courant des tendances et vivre bien ! Ils peuvent en outre parler des différentes crises économiques qu'ils ont traversées et rappeler qu'après la crise, ce n'est plus la crise.

Enfin, ils permettent de sortir de l'instantanéité et aident à réaliser qu'au-delà des différences de vie, de culture, le jeune et les siens partagent les mêmes valeurs. Même entre ses parents et ses grands-parents, il y eut des changements profonds sur la forme. Mais dans le fond, tout le monde se retrouve sur l'essentiel. C'est plutôt rassurant, à une époque où le narcissisme des petites différences brouille quelquefois la communication entre générations.

QUELLES SONT SES PRIORITÉS (ET LES NÔTRES) ?

Parce qu'il est à un âge où choisir est impossible, où il a du mal à résister à un plaisir qui se présente et où la culture numérique a tendance à tout mettre sur le même plan, le film culte comme la vidéo d'amateur, le jeune a parfois du mal à hiérarchiser ce qui compte vraiment dans sa vie. Une petite piqûre de rappel peut l'aider à retrouver un cap. Par exemple, nous voici fin mai. Dans dix jours, les épreuves du baccalauréat débutent. Bien sûr, il désire réussir l'examen. Mais dans l'immédiat, il a surtout envie de voir ses copains : « Ce week-end, il y a un festival de rock ; toute la classe y va ! » Pour lui, cela ne se discute pas : il doit y aller. Appartenant à ce groupe, il ne peut pas s'en exclure. Le parent ne partage pas ce point de vue. Le bac se rapproche, ce n'est pas le moment de se fatiguer, et des festivals de rock, il y en aura d'autres. Au lieu de poser cet avis comme un diktat, le parent pourrait communiquer sur le sens de son opinion. Ce n'est pas une question d'interdire ou d'autoriser une sortie, mais de priorité. Le bac compte davantage qu'une soirée. Alors tant pis, admettons que le jeune boude la moitié du week-end. Au moins, il est au clair avec l'importance de l'enjeu… Et rater un festival de rock, c'est contrariant, mais pas grave.

Dédramatiser, redonner les priorités, hiérarchiser entre l'essentiel et l'accessoire : ces attitudes aident l'adolescent à se situer sur l'échelle des valeurs familiales. Certains parents disent : « Chez nous, c'est comme ça, quinze jours avant les examens, on ne sort pas/on ne s'alcoolise pas. » Chaque famille pose les règles à sa manière. Ici, on discute des choses importantes en voiture, lorsqu'un parent dépose le jeune à son club de sport. Là, on recadre en peu de mots, juste avant le dîner en famille. Ailleurs, l'échange se fait autour du goûter ou d'un petit apéritif. Le but n'est pas d'asséner au jeune qu'il a tort et nous raison, mais plutôt de lui transmettre l'état d'esprit qui a guidé ces positions éducatives : « Chez nous on fait comme ça, mais on ne détient pas la vérité. Chez toi, si tu le souhaites, tu pourras faire autrement. »

QUAND LE DÉCALAGE CULTUREL COMPLIQUE LE DIALOGUE

Notre culture ressemble si peu à celle de l'adolescent que de temps à autre, le décalage culturel nous saisit et nous ne savons pas quoi en faire. Un exemple ? Les règles de politesse. L'éducation des jeunes s'est allégée de bon nombre d'entre elles ; cela donne assurément plus de fluidité dans les relations. Mais il arrive aussi que nous soyons bousculés. Et nous vivons certains comportements comme des marques d'incivilité ou de mépris, alors que ce n'est pas du tout le sens que lui donne son auteur ! Ainsi, parler en même temps que quelqu'un ne pose aucun problème pour un jeune. Si nous lui faisons remarquer qu'il pourrait nous écouter, il répond : « C'est bon, je vais bien finir par entendre ce que tu veux me dire. » Un professeur, face à une classe qui bavarde tranquillement pendant son cours, a de quoi s'énerver. Se référant à son système de valeurs, il constate que ses élèves n'ont manifestement pas les mêmes que lui et n'accordent pas la même attention à la parole de l'adulte. Or, dès que nous butons contre des valeurs différentes des nôtres, nous ne les percevons pas comme une interrogation sur la différence mais comme une attaque. Alors, le professeur réclame un peu d'attention : il a l'ancienneté pour lui et se sent légitime pour exiger un minimum d'écoute. Un élève pourrait s'en vexer ; il n'a pas l'intentionnalité qu'on lui prête. En réaction, par effet de miroir, il imagine ce professeur porteur d'une intentionnalité négative : « Il n'y a que le prof qui peut parler dans cette classe ! Moi, je ne faisais rien contre lui, je parlais à mon voisin. De toute façon, ce prof, il ne peut pas me saquer. »

Cette tendance à interpréter le comportement d'autrui comme une agression s'est accélérée partout. Dans le bus, par exemple : une personne âgée monte et apostrophe un jeune, qui n'a pas bougé de sa place à son passage : « Tu pourrais me laisser ta place ! » Aussitôt, le jeune se sent pris à partie. Soit il se soumet, soit il a la rage. La personne âgée aurait aussi pu entamer le dialogue autrement : « Je suis un peu fatiguée, pourrais-tu me laisser ta place, ce serait gentil. » Il n'y avait pourtant aucune intentionnalité dans le geste (ou plutôt l'absence de geste !) du jeune. Il ne faudrait donc pas que ce face-à-face soit une occasion pour l'adulte de régler ses comptes ou d'humilier le jeune. Certes, jeunes et adultes, nous ne partageons pas les mêmes valeurs, mais ce n'est pas pour cela que nous devons forcément nous agresser à chaque fois que nous partageons un espace public. Ce serait dommage de renoncer à toute rencontre sous prétexte que nous sommes trop différents pour nous comprendre. Ouvrir la porte à un possible échange, en demandant poliment au jeune sa place, n'aboutit pas au même résultat que l'exiger sur-le-champ, avant de conclure : « Décidément, les jeunes ne valent rien. » À quoi le jeune répond : « Les vieux, ils sont contents dès qu'ils cassent du sucre sur notre dos. »

Cette capacité à dédramatiser est aussi précieuse en famille, où les malentendus plombent vite l'ambiance. Par exemple, le parent rentre dans la chambre de son jeune et le voit devant un écran, son casque sur la tête. Il se dit : « Tout, dans son comportement, nous fait comprendre qu'il n'a pas besoin de nous. » Le jeune est à mille lieues de ces préoccupations : il ne porte pas son casque contre son père ou pour amputer la vie de famille mais pour mieux se concentrer. D'ailleurs, c'est même parce qu'il a confiance en ses parents qu'il peut s'investir dans son jeu vidéo. Puis retourner ensuite vers les siens.

En voyant de l'intentionnalité là où il n'y en a pas, nous semons des graines de discorde dans la relation. Et nous serons les premiers à nous en mordre les doigts, plus tard, en analysant l'événement sans lui ajouter l'intention supposée du jeune ! Cette précision posée, lorsque le jeune dérape, ce n'est plus une vue de l'esprit, il nous faut réagir…

IL/ELLE AIME UN PEU TROP LES SOIRÉES ARROSÉES

Tous les jeunes ne sont pas des adeptes du *binge drinking*, mais ils sont nombreux à boire beaucoup en soirée. On dirait que le terme « modération » n'existe pas dans leur vocabulaire... Face à l'abus d'alcool, les parents se trouvent dans une position compliquée : autoriser une soirée alcoolisée, oui, mais à partir de quel âge ? Boire un petit coup, d'accord, mais jusqu'où ? Prévenir des risques, oui, mais comment ? Les parents sont d'autant moins à l'aise avec le sujet qu'eux-mêmes se souviennent de leurs excès passés (se rendre malade à une soirée, on l'a tous fait, non ?), voire présents.

Pendant ces soirées alcoolisées, les jeunes sont dans l'hyperbole : ils s'éclatent, sont « mdr » et boivent plus que de raison. Le *binge drinking* n'est pas vraiment un rite entre eux, mais un code, comme s'ils s'apostrophaient : « Tu es cap' ? » Dans ces beuveries un peu mises en scène, les jeunes se lâchent, peut-être à la hauteur de la pression qu'ils subissent. Mais ces soirées ne remettent en cause ni l'ordre établi ni les règles de bienséance et n'annoncent pas un plongeon dans l'alcoolisme ou la drogue. C'est plutôt un phénomène comparable au bouchon de la Cocotte-Minute : il faut bien relâcher la pression. Ces temps de détente collective obéissent souvent au même rituel. Chacun amène une bouteille puis on fait des mélanges ; on dort les uns chez les autres, à cinq dans un lit et pas forcément pour faire des galipettes ; on se lève à 14 heures, on passe un week-end un peu fusionnel tous ensemble. Bref, ces jeunes s'amusent, mais ils ne tiennent pas à le faire de façon destructrice ! Sauf qu'ils évaluent mal les risques de dérapage et minimisent les conséquences de ces soirées arrosées (fausse route, coma éthylique, accident).

Comme toujours dans ces cas-là, les messages de prévention passent d'autant mieux qu'ils n'arrivent pas à chaud, le lendemain d'une soirée où un copain de notre jeune a pris sa première cuite sous notre toit. Il faudrait profiter d'événements quotidiens (une discussion à table, un film) pour parler des choses de la vie, d'homme à homme. Je me souviens d'une discussion très productive avec l'un de mes petits-fils à ce sujet. Il avait organisé sa première soirée au domicile familial et se désolait qu'un ami ait fini ivre alors que ses parents avaient demandé que la soirée soit *light*. Il ne voulait pas gâcher leur confiance ; nous avons échangé sur les risques de dérapage. Et il a parlé de son copain d'autant plus facilement qu'il savait bien qu'il aurait pu être à sa place...

D'une façon générale, comment sanctionner un jeune qui dérape, qui cabosse la voiture parentale en rentrant ivre d'une soirée, qui ne tient pas ses promesses (il s'était engagé à faire un job d'été et se dédie quinze jours avant), qui se saoule chaque week-end ? Quelle que soit la façon dont nous le ferons, solennelle, colérique ou plus calme, nous ne pouvons pas laisser passer. Il faut relever pour signifier que cela ne doit pas se reproduire. S'il s'enferre et que les incidents se répètent, il faudra poser des limites fermes : on ne peut pas laisser les choses en l'état, en attendant que ça lui passe ou comme le conseillent certains de nos amis fatalistes : « Que veux-tu, il est pratiquement adulte, laisse-le faire ! » Sûrement. Mais pour l'instant, tant qu'il dépend encore financièrement de nous, nous avons voix au chapitre. Il n'est pas question de crier au loup ou de dire que c'est la catastrophe, que notre fils/fille est alcoolique ou prédélinquant(e). Mais le jeune qui dérape a besoin d'entendre clairement l'avis parental : « On ne peut pas être d'accord avec ce que tu vis en ce moment ; ce n'est pas juste de t'abîmer ainsi pour te sentir à l'aise avec les autres. Et tu risques d'en abîmer d'autres avec toi, quand tu prends la voiture dans cet état. Si tu le souhaites, on peut en parler à un spécialiste. » Il n'est pas ravi de ce qu'il perçoit comme un sermon ? Mais au moins, il est prévenu.

PRÉVENIR DES RISQUES SANS CATASTROPHISME

Reconnaissons-le, tenir un message de prévention cohérent auprès d'un jeune est un exercice périlleux ! Désireux de protéger notre jeune, nous adoptons souvent un discours si alarmiste qu'il en perd tout intérêt pédagogique ! Il serait en effet désastreux de ne parler de l'avenir qu'en rappelant les quinze conduites qu'il faudrait éviter : mange assez mais ne mange pas trop quand même ; attention à la déprime qui s'installe et aux idées suicidaires ; l'alcool augmente les risques de faire une bêtise pendant une soirée ; quand tu fais l'amour, pense à te protéger ; ne prends jamais la voiture quand tu as trop bu ; passer des heures devant un écran sans faire de sport, c'est mauvais pour la santé, etc. Le message implicite que perçoit le jeune ? Prépare-toi au pire, la vie n'est qu'une série d'embûches. De plus, dresser ainsi la liste des interdits ou des dangers potentiels stigmatise des conduites qui en deviennent de suite attirantes. Cela donne une image très morcelée de la vie d'adulte, où il faudrait éviter tout ce qui pourrait être source de plaisir, de sensations ou d'excitations. Quel message contre-productif… Nous pourrions en revanche prendre le temps de parler entre quatre yeux avec notre adolescent pour nous interroger sur ce que serait une vie réussie, ce qu'il voudrait faire de la sienne, et par quels moyens il voudrait parvenir à son but.

IL PIÉTINE, IL REDOUBLE, IL TÂTONNE DE PREMIÈRE ANNÉE EN PREMIÈRE ANNÉE

Pour le jeune, redoubler ou refaire une première année ne sont pas toujours synonymes de mauvaise nouvelle : lui qui ne sait pas quoi faire l'an prochain, qui n'a aucun projet et pas davantage d'envie, le voilà au moins tranquille une année de plus. Il vient donc de « gagner » une année, à ses yeux. En fait, il a peur de se lancer, peur de se tromper, alors il atermoie. Il évite de se confronter à ce qu'il aurait du mal à maîtriser et qui le renvoie à une certaine impuissance. Il ne choisit pas de piétiner dans sa vie ; il s'agit plutôt d'une forme de paralysie pour éviter de se confronter à un obstacle qu'il redoute. Paradoxalement, il évite le sentiment d'impuissance par son absence de motivation : il ne subit rien puisqu'il ne va nulle part ! Son comportement témoigne d'une confiance en lui très déprimée. Il serait important de ne pas laisser cette situation s'installer dans la durée, pour éviter l'effet d'autoconfirmation. Plus il se marginalise, plus cela lui sera difficile de se remettre en selle. En plus, le fait de ne rien trouver qui le stimule renforce sa démotivation car il ne peut pas faire la preuve de sa valeur : il ne sait plus de quoi il est capable… et il n'a pas tort.

Quel accompagnement envisager ? Les parents vont devoir jongler entre deux extrêmes, entre sentiment d'abandon (s'ils se tiennent trop loin de leur jeune) et sentiment d'intrusion (s'ils s'en rapprochent trop). Réagir montre au jeune que ses parents refusent cette situation et pensent qu'un autre choix est possible. Mais ils ne sont pas toujours les mieux placés pour agir. En s'impliquant, c'est comme si cela devenait leur affaire. En outre, le jeune peut imaginer que ses parents ne lui accordent pas de valeur ou ne le pensent pas capable de faire face tout seul : il pourrait se sentir forcé, contraint de se conformer au désir des parents (de finir sa première année de droit, de redoubler, etc.). Il faudrait donc s'étonner de ses résultats bien en-deçà de ses capacités, de son envie d'abandonner le droit qu'il vient tout juste de commencer, et lui rappeler que s'il s'en donne les moyens, il va y arriver.

Dans tous les cas, l'erreur à ne pas faire serait de laisser le jeune seul. Sans prendre les rênes de sa vie et sans lui dire que « c'est bon, laisse-nous faire, on va trouver une solution », les parents ne peuvent néanmoins pas le laisser décrocher. Il ne sait plus ce qu'il vaut, ce qu'il veut. Il flotte dans sa vie, entre fumette et séchage de cours. Il peut y avoir un élément déclencheur (il a raté son bac/il vient d'être quitté) ou non. Même s'il tempête et affirme qu'il veut qu'on lui fiche la paix, l'entourage doit rester présent, pour porter le quotidien sans trop le faire sentir, étayer le jeune et le remobiliser, y compris par des solutions comme l'internat ou la thérapie familiale si elles semblent bienvenues. Les parents vont créer les conditions d'une reprise de la vie… sans bien savoir quel sera le résultat. Mais leur rôle est complexe : après le lycée, notamment, il n'est pas toujours simple de dénicher l'accompagnement ou l'aide pédagogique adéquats ! Et les parents sont d'autant plus perdus qu'ils n'ont pas toujours connu ce monde post-bac.

En tout cas, quand le jeune sera prêt, c'est sûr, il repartira. Pour l'instant, reste à désenclencher le cercle vicieux par lequel, moins le jeune va en cours ou en fac, moins il se sent confiant et moins il a envie de revenir. Son cas n'est pas isolé : au cours des deux premières années d'études après le bac, un tiers des étudiants décrochent de leur cursus universitaire (chiffre 2009, ministère de l'Enseignement supérieur et de la recherche). Or, tout le monde a besoin de se valoriser. Étudier des années sans rien obtenir qui valide un parcours, c'est douloureux. Que le jeune soit majeur ou non n'y change rien. Le parent peut dire : « Tu as peut-être 18 ans mais tu dépends de nous — et c'est normal —, donc, ce que tu vis nous préoccupe. »

QUAND INTERVENIR ?

Un jeune ne le claironne pas sur tous les toits, mais il n'est pas contre l'idée d'être accompagné dans le passage de sa vie d'adolescent à sa vie d'adulte. Un sondage (Ipsos Santé/fondation Pfizer 2013) le soulignait : 83 % des adolescents reconnaissent ce besoin. Comment savoir si une intervention serait judicieuse ? Lorsqu'un jeune ne va pas bien, cela se voit. Pour rétablir son équilibre psychique, deux voies s'offrent à lui. Il peut activer sa créativité, en se jetant à corps perdu dans une passion. Pourquoi pas, mais il dépendra alors de l'objet de la passion et risque la déception si ce qu'il vit n'est pas à la hauteur de ses rêves. L'autre solution pour se sentir mieux, c'est le repli sur soi ou l'agrippement. Une solution toujours possible puisqu'elle se trouve à portée de main. Cela n'a rien de pathologique qu'il se referme un temps dans un des trois domaines clés à l'adolescence (prendre soin de son corps, développer ses compétences et sa sociabilité). Si dans un moment de déprime, par exemple, il n'a pas très envie de voir ses copains et s'isole quelque temps, ce n'est pas grave. Il a le droit d'avoir besoin d'un moment de répit avant de revenir vers les autres. Le problème survient lorsqu'il ne veut plus voir personne depuis longtemps. Cela n'a alors plus la même signification.

Quel problème à s'enfermer dans le développement de ses compétences par exemple ? Aucun. En fait, on s'enferme rarement dans le développement de ses compétences. Enfin, si, on peut, par exemple en devenant une bête de travail ; mais alors, cela signifie souvent qu'on néglige le reste, par exemple son corps ou ses amis. Et de nouveau, le problème surgit…

Mais on ne laisse pas quelqu'un s'enfermer trop longtemps : le jeune n'a pas à s'abîmer pour se sentir exister. Il retrouve un pouvoir qui le sécurise et, par peur de l'avenir, il se débranche peu à peu de la vie. C'est rassurant, assurément, de refuser ce monde/ce travail/ces professeurs pourris. Mais au final, le jeune reste la principale victime de cette exclusion… et le prix à payer est élevé.

Le parent doit comprendre qu'en réalité, le jeune ne choisit pas cette position de retrait. Cette peur qui ne dit pas son nom le prive de ressources qui lui permettraient d'avancer. Donc, il n'est pas possible de laisser le jeune agir ainsi, pas pour installer un rapport de force (« conforme-toi à notre modèle ; là, tu nous fais honte, tu as l'air d'un sauvage ») mais pour lui permettre de trouver une autre solution : « Je comprends bien que ça t'arrange. Peut-être qu'en vivant ainsi, tu te sens mieux. Mais il faut trouver un autre mode d'adaptation que celui qui te prive de ce à quoi tu as droit. » Beaucoup de jeunes montent sur leurs grands chevaux : « J'ai bien le droit, c'est mon choix ! » Mais ce n'est pas une question de choix. Nous savons qu'il y a des possibilités de répondre autrement à un malaise qu'en s'abîmant soi-même. Le jeune doit entendre que nous n'acceptons pas ce choix ; il ne vit ni dans un isolat ni dans un blockhaus. Donc, nous mettrons tout en œuvre pour l'aider à trouver un autre moyen de se sentir mieux, quitte à aller voir un spécialiste. Il est toujours plus simple de rappeler les règles claires (et même un peu fermes) de la vie en famille à un autre moment que quand la situation explose. Mais dans l'immédiat, puisqu'il y a urgence à réagir, le jeune a besoin d'une chose : de parents convaincus !

Chapitre 10

Le devoir d'espoir

Notre époque a ceci de positif que les parents s'encombrent moins d'obligations éducatives, ce qui leur permet d'identifier les valeurs qui leur semblent primordiales. Parmi celles-ci, le devoir d'espoir paraît fondamental. Il faut croire en l'avenir ; c'est le propre du vivant d'avancer sans savoir ce qu'il y a devant ! C'est ainsi que nous montrons au jeune que malgré la morosité, le positif peut l'emporter sur le négatif dans ce monde en mouvement et que cela vaut le coup de grandir. Ce devoir d'espoir nourrit le jeune, mais aussi ses parents. Il les l'oblige à réfléchir à la place du plaisir dans leur vie, pour ne pas entamer la confiance en l'avenir de leur jeune. Au final, tout le monde y gagne.

« AH, SI LE MONDE ÉTAIT AUTREMENT... »

Que nous le réalisions ou non, nous dressons devant nos jeunes un portrait de la société qui n'est pas neutre. Et, souvent, pas exempt d'une bonne dose d'idéalisme. Ce monde ressemble davantage à celui dont nous rêvons qu'à celui où nous vivons.

Retournons quelques années en arrière : pour construire une image acceptable de nous, nous nous sommes beaucoup arrangés avec nos « ismes », comme disent les personnages du film *Les invasions barbares* ! Une posture bien pratique : tout ce qui nous semble mauvais dans le monde actuel, nous l'attribuons aux autres. Le coupable, ce n'est pas nous mais le libéralisme, le consumérisme, le communisme (fut un temps), le fanatisme. C'est toujours facile de s'installer dans le fauteuil du juge-arbitre et de distribuer les mauvais points à d'autres, accusés de participer à ce monde imparfait. Ce discours qui se paie de mots, une partie de la jeunesse le perçoit sûrement. Elle en conclut que certains adultes ont une vision idéaliste et (irréaliste) du monde et prennent leurs désirs pour une réalité qui deviendrait formidable… s'il n'y avait pas les autres. Par exemple, s'il n'y avait pas la mondialisation, nous trouverions plus facilement du travail en France ; s'il n'y avait pas la dépendance aux pays producteurs de pétrole, nous vivrions mieux. Ces positions de principe, qui ne coûtent pas cher à ceux qui les adoptent mais rapportent gros en image, ne font pas avancer le débat : la mondialisation existe, la dépendance au pétrole, également. Repenser notre modèle énergétique est un passage obligé, mais pendant cette réflexion, nous n'allons pas interdire à d'autres pays de consommer — alors qu'ils n'ont jamais eu accès à l'opulence que nous avons connue. Et les pays portés par une forte croissance ne vont pas la mettre sur « pause », le temps que nous expérimentions d'autres débouchés industriels ou énergétiques.

Au lieu de jouer l'opposition, qui finit par être stérile, nous devrions étudier comment vivre ensemble avec le moins d'effets négatifs. Ce serait le moment de dire : « Profitons de ce répit (d'une énergie pas trop chère) pour nous préparer à la suite et trouver des niches industrielles où nous serons compétitifs. » Se projeter ainsi ne signifie pas qu'il faudrait accepter de produire ou travailler à n'importe quelle condition. Mais au moins, personne ne s'enfermerait dans une position de repli, intenable à la longue.

Nous arrivons à un moment de notre histoire où nous butons contre la nécessité de réviser nos schémas. Comment faire, vers où aller ? Nous pourrions nous servir de la force de notre passé pour penser l'avenir. Pas pour le reproduire, mais pour le réinventer, en se souvenant qu'à d'autres périodes aussi, nous avons été contraints d'évoluer.

IL FAUT Y CROIRE, MÊME SI LE FUTUR NE SERA PAS (SEULEMENT) ROSE ?

C'est le propre du vivant, d'avancer sans savoir ! Ce serait même une responsabilité collective d'y croire. Face à la mondialisation, il faudrait se questionner : « Que veut-on ? Qu'est-ce qui serait heureux pour les hommes que nous sommes ? » Qu'on le veuille ou non, nous sommes liés au reste du monde par une nécessité de progression commune. Cet avenir commun nous oblige à prendre conscience de l'intérêt qu'il y aurait à mutualiser les moyens de notre développement. Bien sûr, il y aura des tensions et de la concurrence, car certains avancent plus que d'autres, sont mieux dotés ou plus réactifs que d'autres. Mais il ne s'agit pas d'écraser son voisin parce qu'il progresse plus vite que soi ; si l'autre est à terre, ses capacités de rebond sont annihilées pour un moment.

Privilégier la coopération serait une option plus enthousiasmante que de se positionner comme rival du reste du monde. C'est à nous de faire en sorte que le positif l'emporte sur le négatif, que les possibilités de partage (autour des valeurs communes entre jeunes, des emballements communs, des goûts identiques) l'emportent sur la peur de la différence ou sur la nostalgie d'une hégémonie passée, qui guette certains.

LE DEVOIR DE PLAISIR, UN ORDRE PARADOXAL

« Faites-vous plaisir, c'est un ordre » : voilà une injonction que nous allons respecter à la lettre… La formulation semble curieuse ? Elle est exacte, pourtant : il est important de nous donner l'autorisation de nous faire plaisir, de nous réjouir de ce que nous vivons.

Mais dès qu'il s'agit d'une émotion, nous ne sommes plus très sûrs qu'il soit bien sage de la laisser nous envahir. Elle nous fait peur et nous nous croyons obligés de la réprimer. Certes, elle ne doit pas prendre les rênes de notre vie. Ce poste-là, nous préférons le confier à la raison, qui détermine le chemin à suivre. Reste qu'une fois les grandes lignes de la vie tracées, c'est quand même l'émotion qui va apporter de la couleur et des lumières. Quelquefois, il y aura des nuages, mais les parents peuvent rappeler que la météo ne reste jamais longtemps pluvieuse…

Ce devoir de plaisir nous semble une obligation contradictoire ? Mais nous sommes des êtres de paradoxes ! Nous passons notre vie à aimer quelque chose ou quelqu'un tout en redoutant la place qu'il prend dans notre vie. Cette priorité donnée au plaisir nourrit tous les pans de notre vie, la famille, le travail et le reste. C'est une bonne nouvelle pour le jeune : un parent qui se passionne pour ce qu'il fait (un loisir, son travail) ne vit pas les yeux vissés sur son jeune. Voyant cet adulte alimenté par d'autres sources de bien-être que sa seule présence, le jeune quitte le nid familial le cœur d'autant plus léger.

PRENDRE LE PARTI DE LA VIE

La vie repose sur le changement, ce qui implique des risques et des renoncements. Notre jeune rencontrera donc des changements et probablement des embûches. Nous serions tentés de lui aplanir la route voire de maîtriser les choses une bonne fois pour toutes, pour neutraliser tout risque… mais c'est un vœu pieux. Car la vie ne se met pas en conserve ou dans un coffre-fort. On ne peut pas s'en emparer, elle nous échappe ! Comme tout plaisir, tout bonheur : cela ne dure qu'un temps mais ce n'est pas grave. Car nous avons confiance, quelque chose se termine mais quelque chose d'autre va survenir.

C'est profondément anxiogène de faire le pari de la vie, car on ne connaît pas la suite de l'histoire avant de l'avoir vécue et on dépend de la réponse des autres. C'est pour cela que l'encouragement des adultes est bienvenu, voire essentiel pour les jeunes les plus sensibles, déjà échaudés par une expérience douloureuse. Ceux-là auront peut-être du mal à faire confiance si ce qu'ils entreprennent ne marche pas du premier coup, à s'accrocher s'ils rencontrent un obstacle. Dans ces moments-là, il revient à l'entourage de répéter que cela vaut la peine de tenir bon, plutôt que d'essayer d'échapper à l'incertitude ou à la peur de la déception en étant soi-même acteur de sa destruction par cynisme, apathie, en se faisant du mal, ou en ne faisant rien. C'est sûr qu'en ne passant pas l'examen, on est certain du résultat... De même qu'en coupant les ponts avec ses amis, on ne risque pas d'être déçu par l'amitié.

Ceux qui adoptent cette position endossent souvent le costume de ceux qui ne se font plus d'illusions : « Je ne me ferai pas avoir, moi : je veux rester libre ! » Cette liberté, ils la voient comme une absence de contraintes. Vaste programme, mais pour en faire quoi ? La liberté, c'est pouvoir choisir. Et choisir ne doit pas se résumer à prendre le contre-pied de ce qu'on nous dit : tu me dis d'aller à gauche ? Je vais à droite pour te prouver mon degré d'indépendance ! Revenus de tout, mais arrivés nulle part, ces amoureux du contrôle vivent avec la peur d'être déçus. Comme si, puisque ce monde n'est pas parfait, il ne faudrait rien espérer de la vie. Refuser le mouvement de l'existence sécurise, pour un temps, mais c'est contraire à la vie. Car anesthésier son existence en la traversant sans lien ni attache supprime peut-être les occasions de souffrir. Mais plus sûrement encore les occasions de bonheur.

CULTIVER L'APPÉTIT DE VIVRE

Au moment où nos jeunes s'apprêtent à rentrer dans leur vie d'adulte, que pourrions-nous leur rappeler ? De goûter l'appétence plutôt que la maîtrise. La maîtrise rassure, peut-être, mais elle enferme, alors que l'appétence laisse les portes grandes ouvertes ! Cultiver cet appétit de vivre ne revient pas à croire béatement que le futur sera rose ou qu'il suffit d'avancer dans la vie avec le sourire pour parvenir à trouver sa voie. Disons que nous pourrions opter pour un optimisme de but conjugué à un pessimisme de chemin : je peux atteindre cette formation dont je rêve/obtenir ce stage à l'étranger, mais pour cela, la partie n'est pas gagnée. Il va falloir que je me remonte les manches. La vie, c'est risqué ? Rien n'est acquis ni gagné d'avance ? Mais c'est bien pour cela qu'il faut espérer (qu'elle nous étonnera) plutôt que redouter (qu'elle nous déçoive)…

Table des matières

Introduction.. 9

Chapitre 1. La crise en soi, la crise autour de soi.............................. 13

La crise, le temps du changement 13 – Le changement, d'hier à aujourd'hui– 15 – Un monde en crise, qui s'agrippe à ses croyances... 16 – Des émotions trompeuses 18 – Exagérer ses différences pour exister 20 –Faire confiance, malgré tout 22 – Dans toute crise, du positif et du négatif 24 – La vie, jamais statique 26

Chapitre 2. Le pessimisme et ses effets 29

Le moral dans les chaussettes 29 – Pourquoi tant de morosité ?31 – Un pessimisme qui vient de loin 32 – Le progrès social en berne, vraiment ? 33 – Quand on n'avance pas, recule-t-on pour autant ? 35 – Fuir le bonheur de peur qu'il ne se sauve 37 – Comment se protéger de ce pessimisme ? 38 – Adolescents et parents, soumis à leurs humeurs 40 – Apaiser la peur en soi 41 – Des prophéties autoréalisatrices 43

Chapitre 3. Devenir adulte... 45

Le premier jour de ma vie d'adulte 45 – Comment nos parents sont devenus adultes 47 – Faire de nos émotions une force 48 – Plus de souplesse pour moins de conflits 50 – Adulte, mais pas vraiment à 100 % 51 – Une arrivée par essence délicate 52 – Comment les adolescents voient les adultes… 53 – Donnons-nous envie d'être adulte ? 55 – Préparer son enfant à devenir adulte 57

Chapitre 4. Impossible séparation ?.. 59

Un chemin vers l'autonomie contrarié 59 – Une relation pleine d'amour… et de rivalité 62 – Face à une dépendance prolongée 64 – Quand les émotions brouillent les choix de l'adolescent 66 – Retour dans le passé 69 – Un cadre parental qui donne confiance 71 – Choisir le cadre qui fait grandir 74 –

Chapitre 5. Des parents en crise 79

Une légitimité entamée 79 – Cherche réassurance désespérément 81 – Perméables à la souffrance des jeunes 83 – Des parents malmenés en couple 84 – Le message délivré pour la future vie amoureuse du jeune 86 – À quoi bon devenir adulte ? 87

Chapitre 6. Le rôle de l'école et du savoir.. 89

L'école, une contrainte davantage qu'une liberté 89 – La concurrence du numérique 91 – Redonner au savoir ses lettres de noblesse 92
Vive les rituels ! 93 – Différer un plaisir pour pouvoir apprendre 96 – Comment cultiver le goût de l'effort ? 98 – La place de l'erreur 100 – La culture de l'adolescent et la nôtre 102 – Fixer le mode d'emploi des objets numériques 103 – La temporalité du savoir 105 – Que veux-tu faire, plus tard ? » 106

Chapitre 7. Les premiers pas du jeune adulte................................. 109

Marquer les étapes symboliques 109 – Ses atouts, ses points faibles 110 – « Qu'est-ce que je veux vraiment ? » 111 – Se confronter à la réalité 113 – Un plan A, un plan B 114 – Un système injuste, entre les filières « nobles » et les autres 116 – Le droit à l'erreur d'aiguillage 118 – Un monde du travail précaire 119 – Grandir loin des siens 121

Chapitre 8. Le travail, qu'en dire ? Que taire ? 125

Le travail des parents 125 – Quand le travail prend trop de place 127 – En cas de souci professionnel 129

Chapitre 9. Comment accompagner son jeune ? 133

Parler d'argent 133 – La place des grands-parents 135 – Quelles sont ses priorités (et les nôtres) ? 136 – Quand le décalage culturel complique le dialogue 137 – Il/elle aime un peu trop les soirées arrosées 139 – Prévenir des risques sans catastrophisme 142 – Il piétine, il redouble, il tâtonne de première année en première année 143 – Quand intervenir ? 145

Chapitre 10. Le devoir d'espoir 149

« Ah, si le monde était autrement… » 149 – Il faut y croire, même si le futur ne sera pas (seulement) rose ? 151 – Le devoir de plaisir, un ordre paradoxal 152 – Prendre le parti de la vie 153 – Cultiver l'appétit de vivre 155

Parmi les ouvrages du même auteur

Les nouveaux ados, avec Marcel Rufo, Serge Hefez, Daniel Marcelli, Bayard, 2013.

Lettre aux couples d'aujourd'hui, avec Nicole Jeammet, Bayard, 2012.

Anorexie Boulimie. Les paradoxes de l'adolescence, Hachette Littérature, 2009.

Pour nos ados, soyons adultes, Odile Jacob, 2008.

La souffrance des adolescents, avec Denis Bochereau, La Découverte, 2007.

L'adolescence, Solar, 2007.

Adolescence. Repères pour les parents et les professionnels, La Découverte, 2004.

Réponses à 100 questions sur l'adolescence, Solar, 2002.

Que transmettre à nos enfants ?, avec Marc Ferro, Seuil, 2000.

Composé par Nord Compo Multimédia
7, rue de Fives, 59650 Villeneuve-d'Ascq

Achevé d'imprimer en février 2014
sur les presses de Normandie Roto Impression s.a.s.
à Lonrai (Orne)
N° d'impression : 1400588
Dépôt légal : mars 2014

Imprimé en France